U0936322

珍藏本·增订本

纪念版

汉译世界学术名著丛书

再生产

——一种教育系统理论的要点

〔法〕皮埃尔·布尔迪厄
J.-C.帕斯隆 著

邢克超 译

商务印书馆
SINCE 1897
The Commercial Press

Pierre Bourdieu et
Jean-Claude Passeron
LA REPRODUCTION
éléments pour une théorie
du système d'enseignement

本书根据法国午夜出版社 1970 年版译出

本书出版得到法国外交部的资助
Ouvrage publié avec le concours du
Ministère Français des
Affaires Etrangères

汉译世界学术名著丛书
(120 年纪念版·珍藏本)
增订本出版说明

2017 年 10 月,为纪念商务印书馆创立 120 周年,本馆推出“汉译世界学术名著丛书”(120 年纪念版·珍藏本),计七百种。近五六年来,仰赖学界同人倾力支持,订正旧译,增补新译,拓展新著,积累日多。为满足读者需要,本馆在七百种的基础上,继续推出“汉译世界学术名著丛书”(120 年纪念版·珍藏本·增订本)三百种。至此,“汉译世界学术名著丛书”累计出版已达千种。

今后,本馆将继续推进丛书的翻译出版工作,在积累单本名著的基础上陆续分辑刊行,汇印出版。为促进中外文明互鉴、推动我国学术发展,使“汉译世界学术名著丛书”这项对我国学术文化有基本建设意义的重大工程发挥更大作用,诚望海内外学术界、翻译界继续给予支持,帮助我们把这套丛书出得更好。

商务印书馆编辑部

2024 年 2 月

汉译世界学术名著丛书
(120 年纪念版·珍藏本)
出版说明

2017 年 2 月 11 日，商务印书馆迎来 120 岁的生日。120 年前，商务印书馆前贤怀揣文化救国的理想，抱持“昌明教育，开启民智”的使命，立足本土，放眼寰宇，以出版为津梁，沟通中西，为中国、为世界提供最富智慧的思想文化成果。无论世事白云苍狗，潮流左右激荡，甚至战火硝烟弥漫，始终践行学术报国之志，无改初心。

逐译世界各国学术名著，即其一端。早在 20 世纪初年便出版《原富》《天演论》等影响至今的代表性著作，1950 年代后更致力于外国哲学和社会科学经典的译介，及至 1980 年代，辑为“汉译世界学术名著丛书”，汇涓为流，蔚为大观。丛书自 1981 年开始出版，历时三十余年，迄今已推出七百种，是我国现代出版史上规模最大、最为重要的学术翻译工程。

丛书所选之书，立场观点不囿于一派，学科领域不限于一门，皆为文明开启以来，各时代、各国家、各民族的思想与文化精粹，代表着人类已经到达过的精神境界。丛书系统译介世界学术经典，引领时代思想，为本土原创学术的发展提供丰富的文化滋养，为推动中国现代学术和现代化进程做出了突出的贡献。

为纪念商务印书馆成立120周年，我们整体推出“汉译世界学术名著丛书”120年纪念版的珍藏本，寄望既利于文化积累，又便于研读查考，同时向长期支持丛书出版的译者、编者和读者致以敬意。

两甲子后的今天，商务印书馆又站在了一个新的历史时间节点上。我们不仅要铭记先辈的身影和足迹，更须让我们的步伐充满新的时代精神。这是商务人代代相传的事业，更是与国家和民族的命运始终紧密相连的事业。我们责无旁贷，必须做好我们这代人的传承与创造，让我们的努力和成果不仅凝聚成民族文化的记忆，还能成为后来人可以接续的事业。唯此，才能不负前贤，无愧来者。

商务印书馆编辑部

2017年10月

目　录

十八岁的统帅约拿单[①]，
有一天在远东的一个小岛上捉到一只鹈鹕。
清晨，鹈鹕生下一个白白的蛋，
蛋里出来的鹈鹕与它十分相似。
第二只鹈鹕也生下一个蛋，
里面出来的自然还是下白蛋的鹈鹕。
这种情况可以延续许久，
只要人们不去做煎蛋。

——罗贝尔·德诺斯[②]：《弹词，花儿》

① 约拿单，《圣经》中人物，以色列王扫罗之子，大卫的挚友。——译者
② 罗贝尔·德诺斯（Robert Desnos，1900—1945），法国 20 世纪超现实主义诗人。——译者

没有高等研究实践学校[①]欧洲社会学中心全体研究人员的集体工作，本书不可能问世。我们尤其要感谢他们当中向我们提出过建议和批评的人：L.博尔唐斯基、R.卡斯特尔、J.－C.尚波尔东、P.尚帕涅、J.－M.沙布里、C.格里尼翁、D.梅尔里耶、M.德圣马丹、P.马尔迪迪耶。我们也对曾就本书向我们作出宝贵提示的J.布伦什维格、J.兰东、J.－C.帕里昂特和J.韦雷表示感谢。最后，我们还要感谢以极大的耐心为本书反复修改的原稿进行录入的M.－C.埃诺克。

① 高等研究实践学校(École pratique des hautes études)，法国最重要的社会科学研究机构之一。——译者

前 言 9

本书由两卷组成。初看起来,它们的表现形式很不相同。这种结构不应该使人想到对脑力劳动通行的划分:一方面是经验性的细碎任务,一方面是自身有其始末的理论工作。第一卷中提出的全部命题,不是事实叙述的简单罗列,也不是理论的概述,而是一种努力的结果。这一努力使以下两方面合成一个需由逻辑控制的系统:一方面是研究行动本身形成的,也是为了它们而形成的命题,或者是以为这些行动的结果打基础所必需的面目出现的命题;另一方面是一些理论命题,它们可以通过演绎或说明,构建需由经验直接控制的命题。[①]

在这个相互校正的过程之后,第二卷的分析可视为因其普遍意义可应用于其他场合的那些原则在一定历史情况下的应用,尽管这些分析曾经作为构建第一卷里叙述的原则的出发点。由于第一卷中对教育系统进行的研究每次都从一个不同的方面(先后涉及它的交流、灌输合法文化、选择、合法化等功能)展开,并具有协调性,所以第二卷各章总是可以通过不同途径同样做到明白易懂,也就是说,足以说明教育系统与阶级关系结构之间的关系系

---

① 尽管教育行动(action pédagogique)这一理论有其独立性,但它还是建立在文化专断、习性和实践三者关系理论的基础之上。布尔迪厄正在撰写的一部著作将全面阐发这一理论。

统——关于教育系统的理论的中心点。随着它组织事实的能力在对事实的加工中的显示，这一理论也最终形成。

10 第一卷所列命题先后经历了一些变化，试图用其他更有力的命题取代前者，而这些更有力的命题本身又会产生一些通过更多、更紧密的关系与本源连在一起的新命题。如果人们不知道这些命题，甚至是定理，在其历史中的某一时期就是如此，那么对上述变化过程的回忆，就会阻碍赋予对这一命题系统当前状况的表达以必要性。当然，这些命题由于它们之间的必要联系而结合在一起。决定把研究工作进行到何种程度的方针，包含在本书的计划之中。因此，只有根据把研究退回到本源的愿望或者对结论加以详细说明的愿望的强烈程度，才能解释不同时期的不同发展。为了把第二卷中的分析与它们的理论基础联系起来，倒退如此之远是必要的。

人们在打消了制造一种人工语言的不恰当念头之后，尽管加倍警惕，仍然不可能完全摆脱整个社会学词汇不可避免地在读者当中唤起的思想共鸣与谐波。本书可能的读法很多，最坏的肯定是说教式的。这种方法或者以通常与合法性或权威等技术术语有关的伦理学内涵为基础，把证明变成辩护或告发；或者把客观效果当作个人或群体自觉自愿的有意识行为的产物，在仅是存在掩饰或不知的地方，看到恶意的欺骗或有罪的幼稚。使用暴力或专断等术语可能引起另外一种全然不同的误解。与本书使用的其他概念相比，这些术语可能更适合于多次阅读。因为，它们在过去和现在被多次使用。或者更确切地说，因为过去或现在使用这些术语的人在知识界或政界处于各种不同的地位，致使它们在思想领域

占据着一种既含混又重要的地位。人们将有权使用专断这一术语
来表明此事，并且因为人们为其下的定义而仅指此事，并不强迫自
己涉及这一概念直接或间接提到的所有问题。人们更不强迫自己
介入那些所有哲学家都可以认为自己是学者，所有学者都可以认
为自己是哲学家的没有意义的辩论；也不强迫自己介入那些关于 11
符号和（或）符号系统的专断性和（或）必要性，或者关于文化变化
自然界限的新索绪尔[1]式的或准乔姆斯基[2]式的讨论。这些辩论
和讨论的主要成绩，应该归功于它们使学校传统中最令人不快的
题目具有了现代风格，即从自然与人[3]到本性和文化。用文化专
断不能从任何本源中演绎出来这一事实来为它下定义，只是利用
这个缺乏社会学，特别是心理学所指对象的逻辑结构[4]，为自己提
供按教育行动的客观真实性实现这一行动的手段，并且因此而提
出能把逻辑问题排除在一种行动的可能性之外的社会条件这一社
会学问题。只有在它强加文化专断的客观真相不为人知的情况
下，上述行动才能发挥它的真正作用。这个问题可以列入机构和
社会两方面条件的范畴，这些条件则可使一个机构明确地宣布自
己的教育实践，而不违背该实践的客观真相。由于根据它的另一
个含义，专断一词适合一种实在的纯粹权力，即另一个也缺乏社会
学所指对象的结构。据此，人们可以提出不让人如实认识这一实

① 费尔迪南·索绪尔（Ferdinand Saussure，1857—1913），瑞士近代语言学家。——译者

② 诺姆·乔姆斯基（Noam Chomsky，1928— ），美国现代语言学家。——译者

③ 此处作者用了希腊文 phusei 和 nomô。——译者

④ 此处作者用了拉丁文 constructum。——译者

在权力，并由此使人承认这是合法权威的社会和机构方面的条件这一问题。因此，有必要不断指出连接强加的专断性和所强加内容的专断性的特殊关系。符号暴力这一术语，与把教育行动作为非暴力行动的各种自发表述和自发主义概念明确地划清了界限。人们知道，提出它，是为了说明符号强加造成的双重专断特点的各种行动在理论上的统一。同时也说明，符号暴力行动（不管它来自医生、巫师、神父、预言家、传教者、教师、精神病医生或精神分析专家）的这种带有普遍性的理论，属于一种暴力及合法暴力的普遍性理论。不同形式的社会暴力的替代性直接证明了这一从属关系，学校对合法的符号暴力的垄断和国家对有形暴力合法实施的垄断之间的同源性间接证明了这一从属关系。

12 那些只愿意从这一计划中看到一种政治上的决心或性格上的领土收复主义的作用的人，他们不会忘记提醒人们，要想抓住教育暴力的社会功能，要想在这个时候使符号暴力成为一种形式的社会暴力，就必须对常理的明显性视而不见。而现在是这样一个时刻：最“专制的”强加方式的衰落和对最粗暴的强加技术的反抗似乎比过去更加有力地说明，通过技术进步和经济增长的效用教化历史的乐观信仰是正确的。这样，就会无视社会条件的社会学问题。而要想科学地说明一个机构的社会功能，就必须满足这些条件。如果说，粗暴的强加技术向更灵活的技术过渡的时刻，是表明这一强加的客观真相的最有利时刻，那并非偶然。使权力和特权的传递必须比任何其他社会更多地借助迂回的途径而使学校认可的社会条件，或者避免教育暴力以其社会暴力的真面目出现的社会条件，也是使阐明教育行动真相成为可能的条件，而不论这些行

动采取的方式是否粗暴。即便“只有被掩盖者的科学”,人们还是会明白,社会学具有与历史力量相连的成分。在各个历史阶段,这些力量即使迫使权力关系的真相掩盖得更深,同时也使它们越来越多地显现出来。

第一卷

一种符号暴力理论的基础

为了减少一点迂回和晦涩，人们可以要求演说家在讲话开始的时候列举他要提出的主张。

——J.-J.卢梭：《波兰政府》

这样，立法者便既不能使用强力，也不能使用说理；因此就有必要求诸另外一种不以暴力而能约束人、不以论证而能说服人的权威了。这就是在一切时代里迫使各民族的建国者都去求助上天的干预……的缘故了。

——J.-J.卢梭：《社会契约论》

第一卷使用的缩写 15

AP：教育行动

AuP：教育权威

TP：教育工作

AuS：学校权威

SE：教育系统

TS：学校工作

本文使用的上述缩写旨在提醒读者，它们所指的概念本身构成了对逻辑关系系统的一种速记。尽管这些系统对提出命题是必要的，是完整阅读全书的条件，但不可能在每个命题中都使用全称。之所以没有把这一方法扩大到这里使用的所有“系统的”概念（如文化专断、符号暴力、教育交流关系、强加方式、灌输方式、合法性、精神气质、文化资本、习性、社会再生产、文化再生产），是为了避免使阅读变得不必要的困难。

18 ○ 每一种实施符号暴力的能力，即强加一些意义，并通过掩饰那些成为其力量基础的权力关系，以合法的名义强加这些意义的能力，在这些权力关系当中加进了自己的，即纯符号的力量。

评注 1　这一公理同时揭示了符号关系对权力关系相对的独立性和依附性，不承认这一公理，就会导致对一种社会学科学的可能性的否定。明显地或暗含地建立在不同公理基础上的各种理论，可以使个人或集团的创造自由成为符号行动的本源，这一行动被视为独立于它的实施的客观条件。这些理论也可以消除符号行动对其生存的物质条件的独立性，从而使作为符号行动的该行动不复存在。既然如此，人们就有权将前述公理视为社会学认识理论的一项原则。

评注 2　比较一下马克思、涂尔干、韦伯关于权力基础的经典理论，就可以看到，使建立每种理论成为可能的条件，排除了其他条件建立理论的可能性。所以，在阶级统治的产物方面，马克思反对涂尔干的观点。后者（从来没有像在教育社会学这一幻想达成共识的特殊场所里这样明确地揭示他的社会哲学）只看到一种弥漫的社会强制的结果。从另一个角度看，马克思和涂尔干又从方法论角度的客观主义出发，反对韦伯以下意图：从权力关系中看到人与人之间的影响关系或统治关系，把不同形式的权力（政治的、经济的、宗教的，等等）都视为一个人与另一个人的统治（Macht）关系的不同方式。而从社会学的角度来看，这一关系是没有区别的。再者，涂尔干反对对社会秩序进行人为性的表述，说明他强调

强制的外在性。而马克思重视揭露作为合法性理论基础的暴力关系，在分析占主导地位的思想的影响时，有低估权力关系符号强化 19
的实际作用的倾向。而被统治者对统治的合法性的承认，恰恰导致了这一强化。韦伯则不同于涂尔干，也不同于马克思，只有他是以合法性的表象对权力的实施和永续的特殊贡献为研究目标。他甚至局限在对这些表象的心理－社会学构想之中，没有能够像马克思那样提出疑问：对社会关系是权力关系这一客观事实的不了解，在社会关系中究竟起什么作用？

1. 关于教育行动的双重专断性

1. 从教育行动（AP）是由一种专断权力所强加的一种文化专断的意义上说，所有的教育行动客观上都是一种符号暴力。

评注　下述命题（直到3）适合各种教育行动，不论它是由一个社会构成或一个集团所有受过教育的成员来实施（不正规教育），由肩负一个集团或阶级的文化赋予他们这一使命的家庭组织成员来实施（家庭教育）；还是由直接或间接、全部或部分具有教育功能的一个机构为此明确委托的一整套人员来实施（制度化教育）；或者，除去专门的特例以外，这一教育行动的目标是再生产统 20
治阶级或被统治阶级的文化专断。换言之，由于这些命题适合于被当作各集团或阶级之间权力和意识关系系统的任何社会构成，它们的应用范围便得以确定。于是，在前三点中，我们没有援引来自一种的学校式的主教育行动实际情况的事例，以避免减少，哪怕是暗含地减少涉及各种教育行动的命题的价值。我们将在符合其逻辑的时候（命题 4），专门说明在一种教育机构内进行的教育行动的形式和效果。只是在最后一个命题中（4.3），才明确涉及学校的教育行动。这一行动再生产主文化，并由此在主教育系统力图保证它对合法符号暴力的垄断的社会构成中，促进权力关系结构的再生产。

> 1.1. 从第一个意义上讲，教育行动在客观上是一种符号暴力，是因为一个社会构成内各集团或阶级之间的权力关系是专断权力的基础，而这一权力是建立一种教育交流关系的条件，即以一种强加和灌输（教育）的专断方式进行的强加和灌输文化专断的条件。

评注 就这样，对父系和母系社会构成起到组织作用的权力关系，在分别与两种继承体系相对应的教育行动类型中直接表现出来。在母系社会，父亲对儿子没有法律权威，儿子对父亲的财产和特权也没有权利，父亲的教育行动只能依靠情感和道德的惩罚（尽管在他的特权受到威胁时，集团最终可以向他提供支持），而得
21 不到他在想确认对配偶有性行为权利的时候得到的那种法律支持。与此相反，在父系社会中，对父亲的财产和特权，儿子享有法律认可的明确权利，与父亲保持着一种竞争性的，甚至是冲突性的关系（有如母系社会中外甥与舅父的关系）。父亲“代表了社会权力在家庭集团中的力量”，能够以这样的名义用法律惩罚来强加自

己的教育行动(参见福迪斯[M. Fortes]和古迪[J. Goody]的论述)。如果说,问题不在教育强加关系的纯生物学方面,即对与儿童的无能相关的受生物学条件制约的依附性一无所知,那么人们无论如何也不能使在各种情况下说明成人与儿童关系的社会规定性抽象化。这也包括生身父母就是教育者的情况(例如,取决于家庭结构或家庭在社会结构中的地位的规定性)。

1.1.1. 既然教育行动从定义上说是一种绝不能化约为力量之强加的符号暴力,那么,教育行动只有在教育交流关系中进行,才能产生自己的效果,即纯符号效果。

1.1.2. 作为符号暴力,教育行动只有在具备了强加和灌输的社会条件,即交流的表面化定义不包括的权力关系的时候,才能发挥自己的作用,即纯教育作用。

1.1.3. 在一个给定的社会构成中,被组成这一社会构成的集团或阶级之间的权力关系置于教育行动系统统治地位的教育行动,无论从它的强加方式来看,还是从它强加的内容及
对象的范围来看,都最全面地符合统治集团或阶级的客观利 22
益(物质的、符号的和此处涉及的教育方面的),尽管采取的形式总是间接的。

评注　一个教育当局的符号力量,由它在权力关系和(总是表示出这些权力关系的)符号关系结构中的重要性所决定。这些关系建立在实施一种符号暴力行动的当局之间,这正是表现出组成

有关社会构成的集团或阶级之间的权力关系的结构。以主教育行动的主导作用为中介，作用于不同集团或阶级的不同教育行动，客观上与统治阶级的统治间接合作（如通过由主教育行动确定其在经济和符号市场上的价值的知识或仪态所主导的教育行动进行灌输）。

1.2. 从第二个意义上讲，教育行动客观上是符号暴力，因为它作为划定范围的行动，客观上既受限于强加和灌输特定意义的事实，也受制于被认为值得由一种教育行动再生产的选择和相应的排除处理，再生产（取该词的双重含义）专断的选择，而这种专断选择是由一个集团或阶级在它的文化专断中和通过这一专断客观地进行的。

1.2.1. 由于一个集团或阶级文化的结构和功能不能通过任何一种内部关系与“物性”或与一种“人性”相联系，不能从任何物理的、生物的或精神的普遍原则中演绎出来，所以客观地把这一文化定义为符号系统的这种对意义的选择**具有专断性**。

1.2.2. 由于一个集团或阶级文化的存在有赖于它是其产品的那些社会条件，而它的可理解性有赖于构成它的意义
23 关系结构的一致性和功能，所以从社会－逻辑方面来看，客观地把这一文化定义为符号系统，这一对意义的选择是**必要的**。

评注 构成一种文化的各种“选择”（任何人都不进行的“选

择”)是专断的。在通过比较的方法，把它们与现时及过去的全部文化加以联系的时候是这样，在通过想象中的变化，把它们与所有可能存在的文化组成的世界加以联系的时候也是这样。一旦把它们及其出现和永续的社会条件联系起来，这些选择便显现出它们的必要性。在最好的情况下，对专断这一概念的误解(尤其是对专断与毫无根据两者的混淆)来自如下事实：只是同时抓住一些文化现象(就像人种学家往往注定要做的那样)，使人无法了解这些现象存在的社会条件为它们带来的一切，即它们的生产和再生产的社会条件，以及对它们在社会条件发生变化的情况下继续存在进行的相关调整和重新解释(比如人们可以发现，一个是传统社会的文化，一个是耶稣会学院[①]适应沙龙贵族需要的人文主义文化。在19世纪资产阶级的国立中学的学校文化中，对前者几乎是完全的再生产，对后者则是在重新解释后的再生产，两者之间分成许多层次)。就是这样，在“总是如此”的天真幻想和对文化无意识概念的实体论使用中表现出对起源的遗忘，可以使作为历史产物的意义关系永远存在下去，并因此而被“移植”。

1.2.3. 在一个给定的社会构成中，被各组成集团或阶级之间的权力关系置于文化专断系统主导地位的文化专断，尽管总是采取间接的方式，还是最完全地表现出统治集团或阶级的(物质的或符号的)客观利益。

---

① 耶稣会学院(Collèges jésuites)，16—18世纪法国和西欧颇为兴盛的一种学校，对那里的近代中等教育产生了深远影响。——译者

24 1.3. 强加的文化的专断程度本身(取其在命题 1.2 中的含义)越高,强加一种教育行动的权力的客观专断程度(取其在命题 1.1. 中的含义)就越高。

评注 关于教育行动的社会学理论,之所以区分强加的专断性和所强加的专断,只是为了从两种逻辑设想之间的关系中得出全部社会学蕴涵:它们一个是作为纯权力关系的强加的客观真实性,一个是作为完全专断的文化而强加的意义的客观真实性。赤裸裸地表现出来的权力关系的逻辑结构,没有其他的社会学存在,仅仅有那些只能成为文化专断的意义的逻辑结构。如果把这个双重的理论结构视为一种凭经验就可以观察到的实在,就会或者天真地相信力量的纯自然力——对完全脱离法律的力量的唯心主义信仰的简单倒置,或者天真地相信各种意义的根本专断性——对"真实理念内在力"的唯心主义信仰的简单倒置。在灌输最具普遍性的意义(科学或技术)时,不存在灌输无法从一项普遍原则(逻辑原理或生物学性质)演绎出来的意义的教育行动,权威存在于各种教学方法之中;不存在另外还产生符号作用的权力关系,不管它多么机械和粗暴。这就是说,教育行动总是客观地位于纯力量和纯理性这两个无法达到的极端之间。它强加的意义越是难以通过自身的力量,即生物学性质或逻辑原理得以强加,它就越要诉诸直接的强制手段。

1.3.1. 教育行动强加一种文化专断的专断权力,最终以集团或阶级之间的权力关系为基础,这些集团或阶级构成了

教育行动在其中实施的社会构成(见 1.1. 和 1.2.)。教育行
动使它灌输的文化专断得以再生产,从而有助于作为它专断 25
强加权力的基础的权力关系的再生产(文化再生产的社会再
生产功能)。

1.3.2. 在一个给定的社会构成中,从来也不能在脱离不同教育行动从属关系的情况下定义这些行动,它们属于一个受主教育行动支配的系统。教育行动有助于再生产这一社会构成特有的文化专断系统,即主文化专断的统治,并由此促进把这一文化专断置于主导地位的权力关系的再生产。

评注　传统上把“教育系统”定义为保证从过去继承下来的文化(即积累的信息)一代一代传下去的所有组织性或习惯性机制的总和,此种古典理论试图把文化再生产从它社会再生产的功能中分离出去,即无视符号关系本身在权力关系再生产中的作用。这些理论,就像人们在涂尔干那里看到的那样,只是把人种学家当中最为流行的对文化和文化传递的表述,转用于按阶级划分的社会。一种心照不宣的假设是这些表述的基础:对一个社会构成实施的不同教育行动,在被设计为整个“社会”不可分割的共有财产的一种文化资本的再生产中和谐地合作。实际上,由于这些教育行动符合在权力关系中处于不同地位的集团或阶级的物质和符号利益,它们总是有助于这些集团或阶级之间文化资本分配结构的再生产,从而也有助于社会结构的再生产。因此,经济或符号价值,即作为文化资本的由各种教育行动再生产出来的文化专断以及由此而来的这些教育行动的产品(受过教育的人)的价值,按照市场

26 规律形成。后者构成了因社会构成类型不同而决定意义大小也不同的机制中的一种，被定义为阶级之间权力关系结构再生产的社会再生产，通过这些机制得到保证。

2. 关于教育权威

2. 只有在使强加成为可能的专断权力从未以其全部真实面目出现的情况下，一种交流关系才能发挥自己的，即纯符号的作用（取命题 1.1 中的含义）。只有在灌输内容的专断性从未以其全部真实面目出现的情况丅，一种教育交流关系才能发挥自己的，即纯教育的效果（取命题 1.2 中的含义）。作为在这样一种交流关系中施加影响的符号暴力权力，作为在这样一种教育交流关系中完成的对一种文化专断的灌输，教育行动必须把负责其实施的当局的*教育权威*（AuP）和*相对独立性*当作实施的社会条件。

评注 1　通过使教育行动接近它的客观暴力真相，教育行动理论促成了上述客观真相和工作人员实践之间矛盾的出现，这一实践又客观地表现出对这一真相的全然不知（而不论这些实践表现出来的经验或思想如何）。正是在这一过程中，教育行动理论产生了教育权威的概念。于是，就提出了建立一种教育交流关系的社会条件问题。这种关系掩盖了使之成为可能的权力关系，并由此把它的合法权威的特殊力量加入到它从这些关系得到的力量之中。不通过教育权威实施教育行动的想法，在逻辑学上是矛盾的，

在社会学上是行不通的。一种以在实施中揭露自身的客观暴力真相并由此破坏施教者教育权威基础为目标的教育行动，将是自我破坏式的教育行动。这样，人们就面临着一种新的说谎者埃比美尼德斯[①]式的自相矛盾局面：或者当我对你说教育是暴力，我的教学不合法时，你相信我没有说谎，因此你不能相信我；或者你认为 27
我说谎，我的教学是合法的，因此当我说教育是暴力时，你不能更多地相信我的话。只要想到，凡是准备在各种教育实践的理论真相基础上进行教育实践的人都会走向疑难，就能认识到上述矛盾局面的影响：向已经受到根据一个集团或阶级的文化专断原则实施的教育的人传授“文化相对论”，即任何一种文化的专断性质，这是一回事；宣扬实施相对主义教育，即实际创造一个在所有文化当中生长起来的有教养的人，则是另一回事。过早开展双重语言或双重文化教育造成的问题，只能使人对无法克服的矛盾产生一个并不强烈的印象。鼓吹从理论上肯定语言或文化准则的专断性为教学实际原则的教育行动，可能面临上述矛盾，证明所有教育行动都客观地以社会对其客观真相的不知为实施条件的企图是荒谬的。

评注 2　在实施过程中并通过这一过程，教育行动必然要产生一些经验。这些经验可能处于未被言明的状态，只是在实践中表现出来，或者通过一些掩饰其客观真相的意识形态得以阐明。不管是关于非指导性教学的苏格拉底或新苏格拉底式神话，不管是关于自然教育的卢梭式神话，还是关于非抑制性教育的伪弗洛

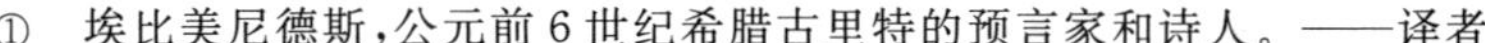

① 埃比美尼德斯，公元前 6 世纪希腊古里特的预言家和诗人。——译者

伊德式神话，把教育行动作为非暴力行动的所有意识形态，都会通过最终否定它的一个方面，来研究教育行动客观真相和这一专断行动作为必要的（“自然的”）行动和必要的（不可避免的）表现之间的矛盾，使人最清楚地看到教育意识形态的固有功能。

28 2.1. 教育权威是一种表现为以合法强加的权利形式实施符号暴力的权力。作为专断性强加权力，只是因为它的性质不为人知，客观上被承认为合法权威，它才强化了它以之为基础并加以掩盖的专断权力。

评注1 谈论对教育行动合法性的承认，并没有涉及合法性表象的心理根源问题，那是韦伯式分析的倾向。这更不是企图在任何物理、生物或精神本源的基础上建立最高权力，也就是说，使合法性合法化。这只是从教育行动蕴涵着教育权威，即教育行动像货币那样“流通”，如果再扩大些范围，那就是在教育行动像一个符号系统、语言、艺术风格甚至服装式样那样的流通中，发现其中的牵连。从这个意义上讲，对教育权威的承认不会被完全压缩成为一个心理行为，更不会被完全压缩成为一种自觉的承受。下面的事实证明了这一点：它越是完全地不被意识，就越是完全。把对教育权威的承认描述为接受别人教养的自由决定，或者完全相反，把它描述为对自然滥用权力，也就是使对一种合法性的承认成为一种自由的或强迫的承认行为，这并非不如遵循契约理论或者形而上学那样天真。当这些理论和形而上学把组成一种文化的有意义的关系的专断性选择，置于一种特殊的因而是神秘的环境时，这

种文化就被设计为选择的逻辑系统。这样，说施教者承认一个教育当局的合法性，只是说这仅仅是权力关系完整定义的一部分。在这种关系中，施教者客观地处于被禁止理解权力关系基础的地位。同时，他们也进行了在客观上考虑到权力关系必要性的实践。这些实践又受到推论合理化或经验可靠性的反驳（可参照以下事例：违法者为了违法而藏匿，根据法律有力量施加于他的惩罚来调
整自己的行为。从这一件事便可看出，他客观地把法律的力量赋 29
予了他违犯的法律）。

评注 2　工具（符号的或非符号的）系统保证了一个集团对其他集团，或者一个阶级对其他阶级的统治，并使这一统治永续。在这个系统中，教育行动的合法性，特别是主教育行动合法性表象的重要作用，因历史时期的不同而变化。(1)权力关系状况越是不能使统治阶级把原始的、粗暴的统治事实作为使其统治合法化的本源；(2)形成各种教育行动产品的符号和经济价值的市场越是完全地统一（在以上两种情况下，一个社会对另一个社会的统治与同一个社会构成中的一个阶级对另一个阶级的统治不同。或者还可以说，在第(2)种情况下，封建主义与资产阶级的民主也不同，后者重视不断扩大学校在保证社会再生产的机制系统中的作用），表现权力关系的符号关系为加强集团或阶级之间的权力关系而形成的相对力量就越大。也就是说，合法性表象在全面决定阶级之间的权力关系方面越重要。对一种统治的合法性的承认总是构成一种力量（因历史时期不同而变化），它加强了已经建立起来的权力关系。因为，它在防止人们认识权力关系真面目的同时，也有助于阻拦被统治集团或阶级向自己提供对自己力量的意识可能赋予他们的全

部力量。

2.1.1. 权力关系不仅源于教育行动，也来自对教育行动客观真相的不知。后者决定了对教育行动合法性的承认，这一承认又构成了教育行动的实施条件。

30 **评注1** 这样，教育行动作为使权力关系质变为合法权威的主要工具，为分析统治及合法性的反常情况的社会基础，找到了一个享有特权的对象（比如，在印－欧传统社会中，生育、战斗或法术能力的原始事实是合法权威的证明，原始神话的结构和关于最高权力所用词汇的双重性都证明了这一点）。

评注2 关于权力关系和意识关系的关系，最终是意识关系还是权力关系的问题，请允许我们留给别人用不那么随便的方式来回答。

2.1.1.1. 权力关系决定了一种教育行动所特有的强加方式，使之成为强加一种文化专断和掩饰这一强加的双重专断性所必需手段的系统，即成为符号暴力的工具与掩饰（即合法化）这一暴力的工具之间的历史性结合。

评注1 （1）教育行动越是以一个与其灌输的文化专断相去甚远的集团或阶级为对象；（2）强加的合法方式的社会定义越是完全地不借助最直接的强制形式，一个给定的强加文化专断方式的专断性就越有可能显示出，至少是部分地显示出它的本来面目。

教育行动固有的专断性的两个含义之间的联系（取命题 1.1 和 1.2 中的含义），便主要在这一事实中表现出来。一类施教者对教育行动专断性的体验，不仅与它的特性在这一双重关系中的形成有关，也与其特性形成的一致性（如儒家学者对建立在殖民者军事力量基础上的文化统治的态度）或不一致性有关（比如今天在法国，下层阶级的子女之所以对惩罚表现得冷淡，是因为与灌输给他 31
们的文化的距离使他们感到灌输的专断性不可避免。从另一个角度讲，也是因为本阶级的文化专断在心理上造成的对一些形式的压制反感较小，这些压制使他们预感到最有可能对本阶级实施的那些惩罚）。所以，各种文化专断都蕴涵着一种对强加文化专断的合法方式的社会定义，尤其是使教育行动成为可能的专断权力在不消除教育行动本身作用的情况下可以自我表现的程度的社会定义。这样，在一些社会里，求助于强制技术（打耳光或者甚至额外增加作业）的做法足以使施教者失去信誉；而在一种传统文化中，体罚（英国学校的九尾鞭、小学教师的棍子或者古兰经教师的长把拍子）都是教师合法地位的象征。在这种文化中，教师不面临暴露一种教育行动客观真相的危险，而这正是强加此种行动的合法方式。

评注 2　对一种特有的强加方式的专断性或一种给定的文化专断的专断性的意识，并不蕴涵着对教育行动双重专断性的理解。相反，激起对教育权力最强烈反对的，总是一种非专断性教学方法的自我破坏式幻想，或者是赋予个人从自己身上发现自己“成长”本源的能力的自发主义幻想。对那些企图通过揭露一种教育合法性来保证合法强加方式垄断的集团来说，这些不同的乌托邦便构

成了一种思想斗争的工具（比如，在18世纪，新兴的知识阶层力图摧毁教会符号强加权的合法性，他们批判言词中关于“宽容”的说法就起到了这样的作用）。有这样一种想法：一种“在文化方面是自由的”教育行动在它的强加内容和强加方式方面都摆脱了专断性。这需以教育行动的客观真相不为人知为前提。而在教育行动
32 中，一种暴力的客观真相仍然表现出来，它的特点就在于能使人忘记它的真相。因此，把教育行动的定义与教育者及受教育者能从中得到的经验，特别是最好的（在一个给定时间）伪装教育行动专断性的强加方式（非指导性教学法）对立起来是徒劳的。这就是忘记了“不存在自由的教育”（涂尔干），忘记了不应该把在为灌输“自由”倾向而使用的“自由”方法所具有的外表，视为教育行动双重专断性的一种消失。在权力关系的某种状态下，在对专断的明显粗暴表现的宽容程度不同的态度的某种状态下，“温和方式”可以成为施展符号暴力权力的唯一有效手段。如果说，人们今天可以相信能有一种既无强迫又无惩罚的教育行动，那是因为一种种族中心主义产生了作用，它使人看不到我们社会特有的教育行动强加方式所进行的惩罚的真面目：用情感填充学生。比如，像美国小学教师那样，使用爱称和热情的修饰语，强调感情方面的理解，等等。正是因为有了这种灵活的压制工具，情感的后撤才成为一种教育技术，它的专断性（取命题1.1.中的含义）并不比体罚或侮辱性训斥更少。如果说此类教育行动的客观真相更难被发现，那是因为，一方面，所用的技术用纯心理关系的外表掩盖了教育关系的社会意义；另一方面，这些行动属于确定主强加方式的权威技术系统，使按这一强加方式制造出来的有关人员很难理解其中的专断性。

权力关系的一种变化可以提高对专断性的明显和粗暴表现的宽容程度，权威关系的各种变化与之相关联，而且在教会学校、家庭、神经科医院，甚至企业和军队等各种社会环境中都力图用“温和方 33
式”（非指导性方法、对话、参与、人际关系[human relations]等）取代“激烈方式”。结果，这些权威关系变化的同时性使人看到了相互依存的关系，它使强加符号暴力的技术形成系统。这些技术既是传统强加方式的特点，也是试图在这同一功能中取代传统强加方式的强加方式的特点。

2.1.1.2. 在一个给定的社会构成中，那些客观地追求合法行使符号强加权，试图由此而要求垄断合法性的当局，必然要进入一种相互竞争的关系，即处于一些权力关系和符号关系之中。根据自身的逻辑，这些关系的结构表现出各个集团或阶级之间权力关系的现状。

评注 1　由于合法性无法可分，所以从社会学的角度讲，这一竞争是必要的。不存在使已有合法性的当局得以合法化的当局。因为最终来讲，合法性要求直接或间接地表现出一些集团或阶级的物质和符号利益，而这些要求的相对力量就来自这些集团或阶级的力量。

评注 2　各当局之间的竞争关系服从于所涉及的合法性领域（如政治、宗教或文化）的特有逻辑，该领域的相对独立性永远不能完全排除对权力关系的依附。各个当局都追求在一个给定领域内的合法性，它们之间冲突的特殊形式尽管或多或少有所变化，但总是权力关系的符号表现。这些权力关系建立在该领域的这些当局之间，并且从来不能独立于本领域外的权力关系（如文学史，宗教史或政治史中对开除、邪说和正统派争执的论证）。

34 2.1.2. 教育行动在教育交流关系中完成。由于这一关系的建立需以教育权威为前提，所以它不能被化约为一种纯粹的交流关系。

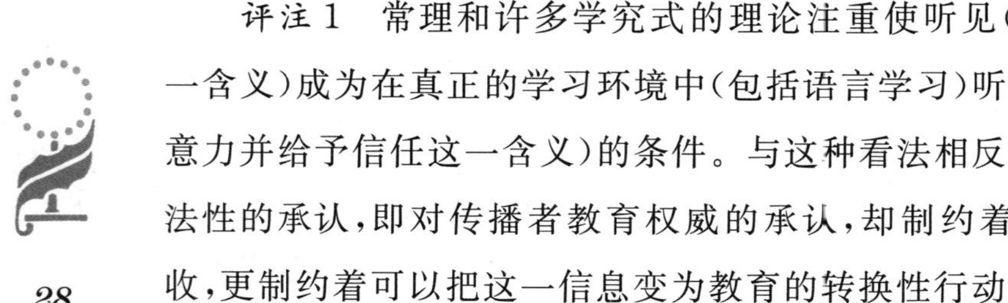

评注 1　常理和许多学究式的理论注重使听见（取其理解这一含义）成为在真正的学习环境中（包括语言学习）听（取其集中注意力并给予信任这一含义）的条件。与这种看法相反，对传播的合法性的承认，即对传播者教育权威的承认，却制约着对信息的接收，更制约着可以把这一信息变为教育的转换性行动的完成。

评注 2　教育权威在教育交流关系的各个方面表现得十分明显，使人们往往以教育交流的首要关系，即家长与子女，或者更广义的一代人与一代人的关系为样板，来体验或设计这一关系。与所有具有教育权威的人建立父子般关系的趋势很强，以至不管施教者多么年轻，他都可能受到父亲一样的待遇。比如，《玛努诫规》[①]中这样说："婆罗门创造了精神并传授义务，即使他是儿童，在法律上也是老年人的父亲。"弗洛伊德也说："现在我们理解了与教师的关系。他们即使本身不是父亲，对我们来说也是父亲的替

---

① 《玛努诫规》（Manu）传说为印度神话中人类祖先玛努制定的一部法典，现在在宗教界仍具有权威。——译者

代者。所以，即便是在他们还很年轻的时候，在我们看来也已经十分成熟，已经到了无法达到的成人境界。我们把童年时代无所不知的父亲使我们产生的尊敬和希望转移到他们身上，对待他们有如过去在家里对待父亲。”

> 2.1.2.1. 由于实施中的各种教育行动一开始便具有一种教育权威，所以教育交流关系本身的特点就来自如下事实：这种关系完全不必制造它产生和延续的条件。

评注　有一些教师倾向于把教育交流关系变为“师父”与“弟 35
子”之间有选择的会见，即倾向于在职业实践中不知道这种实践的客观条件，或者在谈话中否认这些条件。他们试图像韦伯所说的那样，客观地表现为“国家雇用的小先知”。与他们当中广为流传的这种思想所宣扬的那样完全相反，教育交流关系和其他形式的交流关系不同。建立后者的人或机构的目标，是在缺少事先就有且长期存在的各种权威的情况下，实施一种符号暴力权力，并因此而必须不间断地取得和再次取得教育权威一下就全部给予他们的社会承认。这就说明，为什么没有一下子掌握教育权威的当局（人或机构）追求行使符号暴力权力（宣传的、广告的、科普的、治疗的等等），力图采取与教士的教育行动保持对应关系的巫师所用的方式（如广告甚至科普所求助的“科学的”或“教育的”保证），在对合法实践的正向或逆向外表的侵占过程中，求得社会的保证。

> 2.1.2.2. 由于任何实施中的教育行动本身都具有一种

教育权威，所以施教者一下子就被认为有资格传授他们所传授的内容，从而被允许使用受到社会认可或保证的惩罚，强迫人们接受他们传授的内容并且控制对这些内容的灌输。

评注1　我们看到，教育权威的概念被剥夺了所有规范性内容。说教育交流关系需要教育当局（人或机构）的教育权威，并不是把这一当局的内在价值贬得毫无意义。这是因为，教育权威的
36 作用就是保证教育行动在当局的“内在”价值之外具有社会价值。当局在实施该行动的时候，不考虑施教者比如在技术方面和能力方面的资格达到了什么水平。教育权威的概念可以打破前社会学的下述幻想：赋予施教者技术能力或个人权威；由于所有施教者在教育交流关系中的地位受到传统或制度的保证，所以事实上他们自动地得到了个人权威或技术能力。人与地位在人格主义方面的分离，使人符合地位的表现成为占有地位的人的表现（或者作为所有有资格占有该地位的人应有的表现），而不管人从其地位得到的权威可以产生这样的结果：不许人表现得与其地位要求于他的有所不同。

评注2　因为在一种教育交流关系中进行的传播至少总是传递着对教育行动价值的肯定，所以对交流起保证作用的教育权威总是试图排除交流的信息效益问题。这证明了教育交流关系不能被化约为一种以表面化方式定义的交流关系，证明了表达出来的信息内容不会使交流内容枯竭。这样，甚至在传递的信息像人们在入门教育或者离我们更近一些的某些文科教育等有限场合中看到的那样趋于消失的时候，教育交流关系仍然可以保持原封不动。

2.1.2.3. 由于所有实施中的教育行动本身都具有一种教育权威，所以接受教育的人一下子就要准备承认所传递的信息的合法性以及实施教育的人的教育权威，从而准备接受并内化这种启示。

2.1.2.4. 在一个给定的社会构成中，不管有益无益，也
不管是否有法律保证，体罚或符号惩罚的纯符号力量保证并
加强了教育行动的作用，并使之长期存在下去。惩罚越是面 37
向更准备承认强加给他们的教育权威的那些集团或阶级，它
的力量就越大。

2.1.3. 在一个给定的社会构成中，由于它作为主教育行动和强加主文化专断的客观真相不为人知，所以合法的，即具有主合法性的教育行动，不是别的什么，只是主文化专断的专断性强加(见命题 1.1.3.和 2.1.)。

评注　对主文化合法性的垄断往往是各当局或施教者之间竞争的赌注。于是，每强加一种正统文化，便有一种竞争领域的结构的特殊形式与之对应。只有当人们对该形式与折中主义、诸说混合等其他可能的形式加以比较，作为学校的办法，来解决知识或艺术领域对合法性的竞争和统治阶级各集团之间对价值和思想的竞争提出来的问题时，这种形式的特殊性才可能完全表现出来。

2.2. 由于教育行动有一种教育权威，所以它可以使人不知道文化专断的客观真相。由于被认为是实施强加的合法当

局，所以教育行动可以使人承认它灌输的文化专断是合法文化。

2.2.1. 由于所有正在实施的教育行动一下子便有了一种教育权威，所以教育行动在其中完成的教育交流关系便可以使它传递的内容具有合法性。仅仅是由于它的合法传递，传递内容就与它不传递的东西不同，被确定为值得传递。

评注1　这样，关于教育行动绝对起源的问题——其性质与
38 导致社会契约或“语言前状况”这两个疑难的问题同样具有虚拟性——使教育行动在社会学方面的可能性在逻辑方面成为不可能。就像人们在《欧绪德谟篇》[①]中看到的那样，暗含地要求一种没有教育权威的教育行动：知道的东西，你不需要学习；不知道的东西，你不能学习，因为你不知道应该学习什么。

评注2　把教育交流关系化约为一种纯粹的交流关系，这就是不让自己去理解它的纯符号和纯教育效果所需的社会条件，而这些条件正是存在于对它不是一种简单纯粹的交流关系一事的掩饰之中。同时，这也是强迫自己假设受教育者身上存在着一种“得到信息的需要”，而且这一需要知道有能满足它的信息并先于它的社会和教育方面的生产条件而存在。

2.2.2. 在一个给定的社会构成中，由于它作为文化专断

① 《欧绪德谟篇》，柏拉图“对话”之一，以古希腊诡辩家欧绪德谟命名，主要探讨辩论。——译者

和主文化专断的客观真相不为人知，所以合法的，即具有主合法性的文化，不是别的什么，只是主文化专断（见命题1.2.3.和2.2.）。

评注　各种教育行动再生产出来的文化专断，从来不能脱离开它们与一个文化专断系统的从属关系而被定义。不同社会构成的这个系统的统一程度不同，但都受到主文化专断的支配。对这一事实的无知，从根本上讲，既源于被统治阶级或民族的文化理论方面的矛盾，也来自关于文化“异化”和“反异化”的一知半解说辞的矛盾。对合法文化与受支配文化从它们符号关系的结构中，即从各阶级之间支配关系的结构中得到的东西的无知，一方面激发了“培养民众”的意愿，即通过为被统治阶级提供掌握合法文化的手段及该文化的区别化与合法化功能所给予它的一切（如民众大学计划或对拉丁文教学的雅各宾式保护），“解放”这些阶级；一方面支持民众主义计划，宣布被统治阶级在其被统治地位上和通过 39
这一地位形成的文化专断的合法性，册封其为“民众文化”。直接表现在被统治阶级实践和言论当中的处于被统治地位的思想的这种矛盾性（比如以文化方面的自卑感和对主文化的挑衅性贬低交替出现的形式），经这些阶级委托或没有委托的代言人的再生产或扩大（通过他们与被统治阶级及与其矛盾的关系的矛盾使这一情况更为复杂，比如无产阶级文化协会[proletkult]①），可以在生产它的社会条件消失后继续存在。就像曾经受人统治的阶级或民族

① 1917年在苏联建立的旨在发展纯粹无产阶级文化的组织。——译者

的思想，甚至文化政策所证明的那样，在接受统治阶级或民族留下的文化遗产和为处于被统治地位的文化的残余恢复地位这两种愿望之间摇摆不定。

> 2.3. 实施一种教育行动的每一个当局（人或机构），强加的是一些集团或阶级的文化专断。只有当它根据这一专断确定的强加方式，以这些集团或阶级代理人的身份，即以受委托掌握符号暴力权力的人的身份行事的时候，它才具有教育权威。

评注　尽管甚至在传统社会的家庭教育行动中，教育当局的教育权威也可以在法律上得到承认和许可（见命题 1.1. 之评注），但说到权威的委托，并非是假设存在着一种明确的协议，更没有一个集团或阶级与一个教育当局之间签订的契约。因此，甚至在当局教育权威的某些方面已被明文规定的情况下（如对组成祖国权威
40 [patria potestas]的暴力权力的规定，或者我们社会中对父亲教育权威的法律限制，或者还有教学大纲的范围以及在某类学校任教的法定条件），“并不是所有的事情都成为委托合同的条款”。说到权威的委托，只是说规定实施一种教育行动的社会条件，即该行动强加的文化专断与承受它的集团或阶级的文化专断之间在文化方面的亲缘关系。从这个意义上讲，所有能强加于人（即强加对其暴力的客观真相的不知）的符号暴力行动，在客观上都需要以一种权威的委托为前提。于是，与通俗的或一知半解的表述相反，这些符号行动只能在它们遇到适当条件并使之强化的情况下（如一份报

纸与其读者之间的关系）才能实施，只能如此。而上述那些表述则把制造或掌握舆论的权力赋予了广告或宣传，或者从更广泛的意义上说，赋予了通过报纸、广播、电视等现代传播手段流通的信息。不存在“真实理念的内在力量”。人们不明白，为什么会存在一种虚假理念的力量，甚至还反复出现。总是由权力关系来确定一种符号权力说服力能发挥作用的范围（如对特权阶级采取的各种预言或革命性宣传的效果的局限性）。同样，预言行动，即像宗教预言家 auctor①所鼓吹的那样，可以从自身发现其权威（autoritas）本源的行动，从表面上看应当不能构成施教者的教育权威并逐渐得到公众的赞同，这只有依靠事先进行的权威委托才能实现（尽管是潜在的并且心照不宣）。因此应当认定，成功的预言家为他面对的集团或阶级提供的，是决定这些集团或阶级物质和符号利益的客观条件事先要求他们听和听见的信息。否则，就只能寄希望于一种绝对开端了（就像韦伯的能力神授论使人所做的那样）。换言

之，应当把预言家和听众之间的表面关系颠倒过来：宗教的或政治 41
的预言家总是对那些已经信服的人进行说教，而且追随信徒的程度至少不亚于信徒对他的追随。这是因为，听和听见他教诲的，不管是什么人，都曾在客观上委托他为其布道。预言的系统化近乎完全，影射和省略得当，促进了在误解和暗示中的理解。即便不应当否认这种系统化本身的作用，但无论如何也应当注意，不要从信息固有的特点中演绎出预言家说教的成功可能（如对基督教和伊斯兰教传播的比较）。一种词汇表达通过揭示这些期望，接受了，

① 拉丁文，意为创造者、教师。——译者

即承认了它所满足的期望并使之神圣化。这种表达只有从加入到这些权力关系中的集团或阶级对它心照不宣的委托中得到了力量，它才能把自己的力量，即纯符号力量，添加到事先存在的权力关系之中。

> 2.3.1. 只有当教育当局在它灌输的文化专断划定的界限之内，即无论在它的强加方式（合法的强加方式）方面，还是在它强加的内容、强加它的人员（合法的教育者）和接受强加的对象（合法的对象）的范围方面，都再生产出文化专断的基本原则的情况下，该当局才能拥有使它灌输的文化专断合法化的权力赋予它的那种教育权威。由于它的存在本身，也由于把它的再生产所必需的权威委托给一个当局，这一文化专断作为值得再生产的东西被一个集团或阶级所生产。

评注　如果说，权力委托中蕴涵的界限，每逢一个学校机构实施教育行动的时候总是被明确地确定，很容易被发现，那么它们也表现在家庭集团实施的教育行动当中（对统治或被统治集团或阶级都是如此）。比如，合法教育者、他们教育行动的合法范围以及
42 合法强加方式的定义，就根据亲缘关系的结构和作为经济财产及权力的传递方式的继承方式，表现为多种不同的形式（如父系或母系社会构成中，或同一社会构成的不同阶级中，家长之间教育工作分工的不同形式）。如果说，每逢一些家庭共同生活，或每逢同一个家庭里有属于不同阶级的派系或几代人共同生活的时候，儿童的教育便成为冲突性表象的目标，甚至提供了造成紧张局面或冲

突的机会，这并非偶然（比如，极而言之，在一个家庭的成年人对另一个家庭的儿童实施一种压迫的权力方面的冲突，这一处在家庭教育行动的合法界限边缘的冲突的特有形式，总是源于它所涉及的家庭集团在阶级关系结构中的相对位置）。

2.3.1.1. 符号暴力权力是一个教育当局教育权威的基础。它的委托总是一种*有限的*委托，即是为使一个教育当局具有按照一种文化专断确定的强加方式，合法灌输该专断的权威而进行的必需委托。与它对应的是，这一当局不可能自由确定强加的方式、内容和对象（限制教育当局自主权的根据）。

2.3.1.2. 在一个给定的社会构成中，不管表现教育权威的惩罚是物质的还是符号的，是有益的还是无益的，受到法律保护还是不受法律保护，它们都保证和加强了一种教育行动的效果，并使之持久地神圣化。对于一些集团或阶级来说，这些惩罚更容易被不同的教育行动产品的经济和符号价值在其中形成的市场的惩罚所确认（现实原则或市场规律）。惩罚越
是面向这些集团或阶级，就越容易被承认是合法的，即拥有的 43
符号力量越大（见命题 2.1.2.4.）。

评注 1　一个集团或阶级成员的商业价值或符号价值，有赖于教育当局的教育行动对它们的加工和确认，而这一依赖的程度总是影响着该集团或阶级客观上给予教育当局的承认（不论相关的经验在心理或思想方面有什么样的变化）。比如，我们知道，中

世纪的贵族很少关心经院教育；或者相反，古希腊城邦的领导阶级曾利用诡辩家或演说家为其服务；还有，在我们社会中，中产阶级，更确切些说是其中的过去或未来的迁升最直接取决于学校的那些阶层，在学校里表现出不同于下层阶级的驯服。这种驯服尤其表现在他们对惩罚和奖励的符号作用特别敏感，更确切说，是对学校文凭的社会担保作用特别敏感。

评注2　形成各种教育行动产品价值的市场越是统一，那些承受蕴涵着一种受支配的文化专断的教育行动的集团或阶级越可能通过劳动市场不具姓名的惩罚或文化市场（如婚姻市场）的符号惩罚，从自己身上看到他们的文化知识没有价值的那一面，还不必说学校里那些总是具有经济和符号意义的裁判。这些对遵守秩序的提醒，即便不能使这些集团或阶级明确承认主文化就是合法文化，至少也会在他们身上产生对自己的知识在文化方面地位低下的潜意识。这样，通过使形成各种教育行动产品价值的市场统一起来，资产阶级社会成倍地增加了（比如与一种封建型的社会相比）把处于被支配地位的教育行动的产品置于合法文化的评价标准之下的机会，从而确认并巩固了合法文化在符号秩序中的主导地位。因此，在这样一种社会构成中，可以通过与二元经济中处于支配和被支配地位的生产方式（如传统的农业和手工业）之间关系的类比，来理解处于支配和被支配地位的教育行动之间的关系。受支配的生产方式的产品，受制于资本主义生产方式的产品支配
44 的市场的规律。不过，符号市场的统一性尽管很强，它还是丝毫不能阻止处于被支配地位的教育行动把对自己合法性的承认强加给接受它们的人，至少在一段时间里和某些领域内是这样。只有在

实施者和接受者都承认它合法的情况下，家庭的教育行动才能在被统治集团或阶级当中实施。即使接受这一行动的人必定要发现，在一个由统治阶级的文化专断支配的经济或符号市场上，他们为了得到而必须承认其价值的文化专断没有价值，情况也是如此（比如，无论对殖民地知识分子——阿尔及利亚人称之为姆杜尔尼[M'turni]——来说，还是对注定必须通过背弃、克制或妥协才能重新评价父亲权威的被统治阶级出身的知识分子来说，伴随着对主文化的适应而来的总是冲突）。

2.3.1.3. 一个教育当局灌输的专断越是更加直接地再生产把教育权威委托给它的那些集团或阶级的文化专断，就越不能表明和解释自身的合法性。

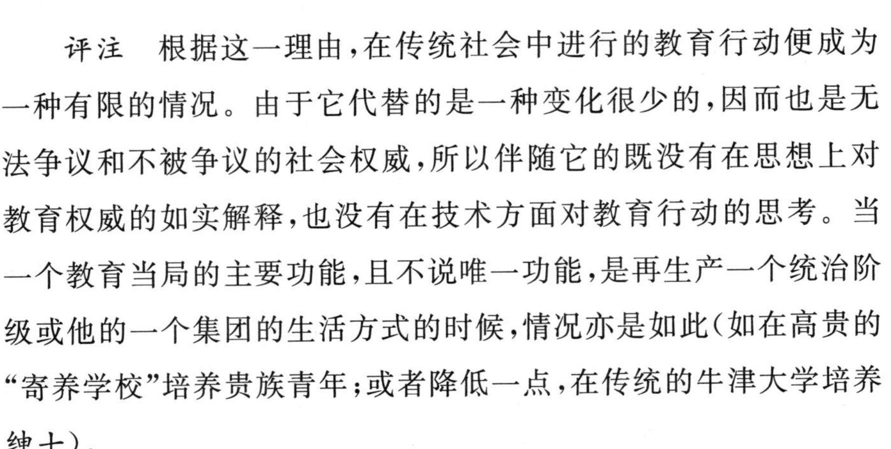

评注　根据这一理由，在传统社会中进行的教育行动便成为一种有限的情况。由于它代替的是一种变化很少的，因而也是无法争议和不被争议的社会权威，所以伴随它的既没有在思想上对教育权威的如实解释，也没有在技术方面对教育行动的思考。当一个教育当局的主要功能，且不说唯一功能，是再生产一个统治阶级或他的一个集团的生活方式的时候，情况亦是如此（如在高贵的 45
“寄养学校”培养贵族青年；或者降低一点，在传统的牛津大学培养绅士）。

2.3.2. 所有教育行动的成功，都随接受者对教育当局教育权威承认的程度，随他们对教育交流的文化准则的掌握程度变化。所以，一个给定社会构成中的一种给定教育行动的成功，便随以下三种文化专断之间的关系系统变化：这一教育行动强加的文化专断、该社会构成中处于主导地位的文化专断、接受这一教育行动的人原属集团或阶级中最初的教育灌输的文化专断（见命题 2.1.2.、2.1.3.、2.2.2.、2.3.）。

评注　只需把教育行动的各种历史形式或者同时在一个社会构成中进行的各种教育行动与上述三个变化原则加以比较，便可以说明这些教育行动及其强加的文化被一些集团或阶级接受和承认的机会。这些集团或阶级与教育当局的关系不同，与统治集团或阶级的关系也不同。所以，同一社会构成的不同教育行动在一个客观上分成等级的系统中的结合越是完全，即形成各种教育行动产品的经济和符号价值的市场越是统一，从以上三个方面对一个教育行动的说明越能反映这一行动的特点。这样，就使得一个受支配的教育行动的产品越有可能被置于主教育行动再生产的评价原则之下。

2.3.2.1. 在一个给定的社会构成中，不同集团或阶级的主教育行动取得的不同成功，随以下因素变化：(1) 一个集团或阶级特有的**教育气质**，即对该行动及把它作为内化产品加以实施的当局的态度系统。这既指主教育行动通过认可而赋予不同家庭教育行动产品的价值的内化，也指各种社会市场通过客观认可，根据其发源的集团或阶级，赋予主教育行动产品的价值的内化；(2) **文化资本**，即不同的家庭教育行动传递的文化财产。作为文化资本，它们的价值随主教育行动强加的文化专断和不同集团或阶级中家庭教育行动灌输的文化专断之间的距离大小而变化（见命题 2.2.2.、2.3.1.2.、2.3.2.）。

2.3.3. 由于教育行动的权威来自一种对权威的委托，所以该行动有助于在它的接受者身上再生产一个集团或阶级的成员与他们的文化保持的关系，即对这一文化就是文化专断这个客观真相的不知（集团中心主义）。

2.3.3.1. 在一个给定的社会构成中，由于教育行动系统受主教育行动所支配，所以该系统趋向于在统治阶级和被统治阶级中，再生产对合法文化就是主文化专断这个客观真相的不知，而主文化专断的再生产有助于权力关系的再生产（见命题 1.3.1.）。

3. 关于教育工作

3. 作为需以教育权威为前提的一种文化专断的专断性强加，即一种要求教育当局再生产一个集团或阶级强加的文化专断的原则的对权威的委托（见命题 1. 和 2.）——而这一文化专断是由于自己的存在和把它的再生产所必需的权威委托给一个当局一事而值得再生产（见命题 2.3. 和 2.3.1.），教育行动蕴涵着**教育工作**（TP）。这是一种灌输工作，它应长期进行，以提供一种持续性培养，即作为一种文化专断原则的内化 47

产品的一种习性。它可以在教育行动终止后长期存在，并由此而使被内化的专断的原则在实践中长期存在。

评注1　作为应当持续下去以产生持续性习性的行动，即作为只能通过教育工作完成的强加和灌输一种专断的行动，教育行动不同于预言家、智慧“创造者”或巫师们断断续续的和超出寻常的符号暴力行动。只有当它们在一种不中断的灌输行动中，即在一种教育工作中（如布道、教理问答或“古典教育”中教师的讲解）延续下去，这些符号强加行动才能在它们涉及的人身上激起深刻而持久的变化。由于一种教育工作需要在条件具备的情况下完成（马克思说，“而教育者本人一定是受教育的”①），所以和其他实施符号暴力权力的当局相比，在别的方面都相同的情况下，教育当局的特点是具有更长的结构时间。这是因为，在其相对自主权允许的范围内，教育当局试图再生产的是曾经生产再生产者的条件，即它自己的再生产条件。比如，不管是涉及负责初始教育的家庭实施的教育行动的传统主义——家庭的倾向是更完整地实现各种教育行动的意图，因而，甚至在现代社会中，也能保存继承下来的传统——，还是涉及教育机构本身的功能总有的、使变化尽可能少、按传统社会的方式自我再生产的惰性，教育行动的变化速度都极其缓慢。

评注2　作为保证历史连续性的基本工具，教育被视为在时

① 《关于费尔巴哈的提纲》，马克思恩格斯全集，第三卷，人民出版社1960年版，第4页。——译者

间当中进行的再生产过程。文化专断的再生产，以符合文化专断的实践的生产者——习性——的生产为中介，在该过程中完成（即 48
通过把培养工作变成可以长期地为接受者“提供信息”的工作来进行）。在文化方面，教育是生物学中遗传资本传递的对应物：习性与遗传资本对应，决定教育行动成功的灌输因传递能产生相同信息的信息而与繁殖对应。

3.1. 一些集团或阶级把文化专断的建立和继续所必需的教育权威委托给了教育行动。作为提供持续性培养的长期灌输工作，即作为生产符合上述集团或阶级文化专断原则的实践的生产者的工作，教育工作有助于通过习性，这一客观结构再生产实践的发生功能本源，再生产生产这一文化专断的社会条件，即它作为其产品的那些客观结构。

3.1.1. 教育工作特有的生产能力，通过它产生自身灌输效果，即它的再生产效果的程度来客观测定。

3.1.1.1. 教育工作特有的生产能力，即它在向合法对象灌输它有权再生产的文化专断方面能达到的程度，通过它生产的习性的持久程度，即能更持久地产生符合所灌输专断原则的实践的程度来测定。

评注　我们可以通过它们各自强加权力的结构时间的长短，比较教育行动本身的作用和政治权力的作用。与政治方面的强制相比，教育工作可以使它灌输的专断持续更长时间（除非政治权力

也求助于一种教育工作,即一种特有的教育方法)。只有体现在直接或间接地——以家庭为中介(如基督教教育)——进行教育工作
49 的教堂之中,宗教权力才能持久地宣传它的实践。换言之,与总是面临延续(继承)问题的政治权力相反,实施教育工作的教育行动的符号暴力权力在时间中长期存在。

3.1.1.2. 教育工作特有的生产能力,即它在向合法对象灌输它有权再生产的文化专断方面能达到的程度,通过它生产的习性的**可转移**程度,即能在更多的不同领域产生符合所灌输专断原则的实践的程度来测定。

评注　这样,宗教权力的影响,就通过有关教育当局的教育工作生产的习性产生实践的程度来测定。这些实践符合一些领域内灌输的专断的原则,而这些领域与理论学说专门规定的范围,如经济行为或政治选择,相去甚远。同样,经院教育"习惯的教育力量"(巴诺夫斯基[E. Panofsky]语)通过它在哥特式教堂结构或古书手抄本字体中产生的影响得以体现。

3.1.1.3. 教育工作特有的生产能力,即它在向合法对象灌输它有权再生产的文化专断方面能达到的程度,通过它生产的习性的*完整*程度,即在使它产生的实践中更完整地再生产一个集团或阶级的文化专断原则的程度来测定。

评注　尽管对再生产作用的三种测定指标的一致性在逻辑上

并非必要，但是作为统一和发生实践的本源，习性理论还是可以使人明了，一种习性的持续性、可转移性和完整性在现实中紧紧相联。

3.1.2. 除去划定灌输内容的范围，成为一种教育行动基
础的委托还包括确定灌输方式(合法灌输方式)及其持续时间 50
(合法教育时间)。教育工作的完成，被视为生产完美习性所必需并足以生产它。它的完成程度，即一个集团或阶级承认完美的人在文化方面的教养程度(合法能力的程度)，就由灌输方式及其持续时间所决定。

3.1.2.1. 在一个给定的社会构成中，除去划定灌输内容的范围，成为主教育行动基础的委托还包括确定灌输方式及其持续时间的主定义。教育工作的完成被视为生产完美习性所必需并足以生产它。它的完成程度，即统治阶级和被统治阶级都倾向于承认的“有教养者”的文化教养程度(合法文化方面合法能力的程度)，受支配的教育行动的产品被客观地测定的文化教养程度，就由灌输方式及其持续时间所决定。受支配的教育行动的产品，指由被统治集团或阶级的文化专断所确定的不同形式的完美的人。

3.1.3. 作为生产持续的和可以转移的习性的，即向所有合法对象灌输一个认识、思维、评价和行动模式(部分或全部相同)系统的长期灌输工作，教育工作有助于它以其名义才得以实施的那个集团或阶级的精神和道德整体化的生产和再

生产。

评注　只有看到一个集团的整合以教育工作灌输的习性的一致(全部或部分)为基础,即从实践的生成原理的完全或部分的一致性中发现实践的相同性的本源以后,人们才能避免社会哲学在一致性方面的幼稚。后者把一个集团的整体性缩小为占有表象的
51 共同目录,比如就无法理解实践或认识的统一性和整合功能。尽管这些实践或认识表面上有差异,甚至相互矛盾,但它们是由同一种具有发生作用的习性生产的(比如一个给定时代的一个给定阶级的艺术生产风格)。不仅如此,在它以掩饰为原则的情况下,同一种习性还可以生成一种实践和它的反面(比如,在那些素性喜好以十分直接的方式从事划界这个知识分子游戏的知识学徒身上,特权阶级的相同习性可以生成完全相反的政治或美学主张,这些主张深刻的统一性只表现在发表信仰声明的方式或实践方式上)。

3.1.3.1. 教育工作是一种长期的灌输工作,它使一种文化专断的原则以一种习性的形式内化。这种习性是持续的、可以转移的,因而可以超越各种专门的规定和明确的条例,生成符合上述原则的实践。它作为这样一种工作,可以把自己的权威委托给教育行动的集团或阶级,不用求助于外界压力,尤其是身体方面的强制,便能生产和再生产它在精神和道德方面的整合。

评注　教育工作是身体方面强制的替代物,而且是一种划算

的替代物。当然,身体方面的压力(如关进监狱或看守所)也可以惩罚一种文化专断内化的失败。尽管(也许正是因为)它更为隐蔽,教育工作最终至少和身体方面的强制具有同等效力。后者只有一直注意额外再施加符号作用,才能在停止直接实施之后继续产生作用(这里顺便提及的是,国王从来没有赤身裸体,知识对法律内在力量的一种毫无恶意的唯心主义设计——以力量及其必然生成的合法性表象之间暗含的分离为基础的设计,才使得罗素以及后来的人谈论起“赤裸裸的权力”[naked power])。正是这样,由于教育工作保证了符号暴力的作用能够永远存在,所以它有助 52
于产生一种通用于任何情况的(如在繁殖、经济选择或者政治参与方面)永久性规定。后者能给来自具有教育权威的当局的符号刺激以圆满答复(即由文化专断事先准备的答复,仅此而已),而教育权威又使生产习性的教育工作成为可能(比如作为基督教教育符号活动的司铎布道或教皇谕旨的作用)。

3.2. 作为试图把一种培养当成持久的和可以转移的态度系统加以灌输的有转化作用的行动,教育工作的先决条件是行使教育权威。它通过灌输专断的成功,越来越全面地掩饰灌输的专断性和所灌输文化的专断性。从而它的作用,是使教育权威,即教育行动及其灌输的文化专断的合法性,受到肯定,并且不可逆转地神圣化。

评注　如果把教育权威在教育行动的本源和结果中的存在看作恶性循环,就是不了解下述事实:在发生方面(一代一代人的历史和继承)，每个进行中的教育行动都有的教育权威之所以打破一种没有教育权威的教育行动可能热衷的教育循环，只是为了把在这种情况下成为可能的教育工作的接受者越来越完全地封闭在中心主义的圈子里(集团的或阶级的中心主义)。可以在从命名到确认的过程中发现这个悖论的典型表现:在懂事年龄进行的信仰声明[①]被视为回过头来宣布洗礼时做出的许诺有效，而先前的许诺需要一种能够导致这一声明的教育。这样，随着它的完成，教育工作就越来越完全地生产着不了解文化专断的客观条件，即把文化专断作为从“自然的”的意义上说是必要的东西加以主观体验的条
53 件。认真思考自己文化教养的人，是已经受到教养的人;而认为自身教育的原则有问题的人的问题，仍以其教育为本源。笛卡尔关于天生理性的神话，即关于在受教育之前就存在一种自然的文化或有教养的本性的神话，是过去对教育的必要幻想，它把教育视为能强加对专断遗忘的专断性强加。这只是另一种解决教育权威循环的神奇办法。“我们在长大成人前都是儿童，曾经长期受到自身欲望和教师的统治。我们的欲望和我们的教师往往相互矛盾，而且大概都不会总是向我们提出最好的建议。所以，如果我们从一生下来就充分利用我们的理性，而且只受自身理性的引导，我们的判断就可能像它们应该的那样纯洁和坚定，而这几乎是不可能的。”因此，人们回避无法回避的确认性洗礼的循环，只是为了迎合“第二次诞生”的神话。在关于思想的能力重新征服一种没有想到的思想的先验主义幻觉中，人们可以看到上述神化在哲学方面的

① 与洗礼同为基督教仪式。——译者

反映。

3.2.1. 作为使人越来越完全不了解教育行动双重专断性(即人承认教育当局的教育权威及其提供的产品的合法性)的长期性灌输工作,教育工作生产着两种无法区分的东西:产品的合法性和该产品作为合法产品生产合法消费者的合法需要。这些消费者具有合法产品的社会特性,并可以通过合法形式消费这些产品。

评注 1　当人们忘记“文化需要”是一种有教养的需要,即当人们把这一需要与生产它的社会条件割裂开来的时候,便把自己关进了一个小圈子。只有教育工作能打破这个圈子。宗教或文化方面的虔诚,生成了诸如坚持经常去教堂或博物馆这些宗教或审美方面的实践。这种虔诚是家庭教育权威(其次是教会或学校等

机构的教育权威)的产物。这种教育权威在人的一生过程中,打破 54
了“文化需要”的小圈子,使宗教或文化信仰的益处成为值得追求的东西,并通过强加对它们的消费而生产对它们的需要。经常去教堂和博物馆是生产去这些地方的需要的条件,而坚持经常去也要以有这方面的需要为前提。人们在了解了这些之后认识到,为了从第一次去教堂或博物馆起便打破小圈子,就应该产生去这些地方的素因。除相信天命的神话之外,这些素因只能是家庭在去这些地方的过程中表现出来的使人到那里去的倾向,是到这些地方去生产出来的持久倾向的持续时间。在宗教和艺术方面,对生成的遗忘导致了笛卡尔幻想的一种特有形式:与初学的强制全无

关系的一种先天兴趣的神话。这是因为,从出生时就有的这一兴趣,把能生产决定性选择和忘记这一决定的决定论,变成了对一种先天的自由专断的自由选择。

评注2　教育工作生产着在物质或符号方面值得消费的对象的合法产品(即令人崇拜、喜爱、尊敬、欣赏,等等),也生产着在物质或符号方面消费这些对象的愿望。由于没有看到二者密不可分,人们就不得不不停地问自己:在崇拜与值得崇拜的、喜爱与值得喜爱的、尊敬与值得尊敬的、欣赏与值得欣赏的之间,哪个更重要。即一方面努力从客体的内在特性中演绎出对它的倾向,一方面努力把客体的特性压缩为主体的倾向赋予它们的特性,摇摆不定。实际上,教育工作生产的人具有适合的倾向,他们只能对某些客体使用这一倾向。而对这些人来说,教育工作生产的客体呼唤或要求他们有适合的倾向。

55　3.2.2. 作为使人越来越完全不了解教育行动双重专断性的长期性灌输工作,教育工作有助于掩饰习性作为一种文化专断的原则内化的客观实际。它完成得越好,掩饰得越好。而灌输工作完成得越好,这一内化也进行得越完美。

评注　人们明白,对卓越所作的社会定义总是导致涉及"本性",即涉及一种实践方式。该方式要求教育工作达到一定的完美程度,以使人不仅忘记生产它的教育行动的双重专断性,而且忘记教育工作为完美实践带来的一切(比如希腊的 arètè、"老实人"的自在、卡比尔体面人的 sarr 或中国官员"反刻板的学院派")。

3.2.2.1. 作为使人越来越完全不了解教育行动双重专断性，尤其不了解它所灌输的文化专断的结构界限的长期性灌输工作，教育工作越来越完全地产生着对伦理和知识限制的无知。这些限制与上述界限的内化有关（伦理和逻辑方面的集团中心主义）。

评注　这就是说，把习性作为思维、认识、评价、行动的模式系统加以生产的教育工作，生产着对这一系统的限制的无知。这样，对它生产的伦理和逻辑方面的规划所固有的限制的无知，随教育工作的完成程度而变化，使这一规划的有效性成倍增加。如果教育工作生产的工作人员，被自我约束和自我批评关闭在文化专断强加给他们思想和实践的限制的范围之内（他们越是完全内化文化专断的原则，就越意识不到这些），在对自由和普遍性的幻想之 56
中进行思想和实践，那么他们就可能不会如此完全地成为这些限制的俘虏。

3.2.2.1.1. 在一个给定的社会构成中，主教育行动通过教育工作得以完成。教育工作完成得越好，就越能强加主文化的合法性。这就是说，它不仅向教育行动的合法对象，而且向被统治集团或阶级的成员，更完全地强加对主专断的真相的不知（把合法文化的主导思想作为唯一正式文化，即普遍文化）。

3.2.2.1.2. 在一个给定的社会构成中，主教育行动通过教育工作得以完成。教育工作，总具有保持秩序，即再生产各集团或阶级之间权力关系结构的功能。因为不管通过灌输还是排除，它都有助于把对主文化合法性的承认强加给被统治集团或阶级的成员，并且使他们在不同程度上内化约束和检查。只有当这些约束和检查具有自我约束和自我检查的形式时，它们才能如此出色地为统治集团或阶级的物质或符号利益服务。

3.2.2.1.3. 在一个给定的社会构成中，主教育行动通过教育工作得以完成。教育工作在把对主文化合法性的承认强加给被统治集团或阶级的成员的同时，又通过灌输或排除的方法，把对他们自己的文化专断的非法性的承认强加给了他们。

评注　与一个阶级通过教育向另一个阶级施加的符号暴力的贫瘠表象相反（奇怪的是，无论对揭示思想统治被压缩为强制摄入的简单形式的人来说，还是对装作抱怨把“不是为他们创造的文化”强加给“低微阶层”儿童的人来说，这一表象是共同的），一种主
57 教育行动很少去灌输构成主文化的信息（这可能是因为教育工作有一种特殊的生产能力和一种持续能力，它们越是面向社会下层的集团或阶级就越薄弱），更多地是灌输主文化合法性所完成的事实。比如，通过使被排除出合法对象行列的人（或者像在大多数社会里那样在学校教育之前，或者是在学习过程中）内化他们被排除一事的合法性的途径，通过被它放逐到二流教育的人承认这些教育及其接受者的低下的途径，或者通过服从学校纪律和接受文化等级性来灌输一种可以转移的和普遍化的遵守纪律、尊重社会等

级的倾向的途径。总之，在各种情况下，强迫承认主文化为合法文化，并因此而强迫承认被统治集团或阶级的文化专断非法，其主要手段是排斥。可能这一手段只有在它具有自我排斥的外表的时候，才有如此巨大的符号力量。一切就这样进行着，似乎给予被统治阶级的教育工作的合法时间，被客观地确定为排斥一事发挥其全部符号力量所必需的和足够的时间。也就是说，使这一事实在接受它的人看来是对他们文化低下的惩罚，使任何人都不能被视为不知道合法文化的法则。义务教育最不引人注目的作用之一，就是它使被统治阶级承认了合法的知识和技能（如法律、医学、技术、消遣或艺术方面），使这些阶级实际掌握的知识和技能贬值（如习惯法、家庭医学、手工技术、大众语言和艺术，以及米什莱所称的“巫婆和牧羊人的田野学校”所传播的一切），并因此而为一切物质的，尤其是符号的生产提供了一个市场，而这些生产的手段（从高 58
等教育开始）几乎被统治阶级所完全垄断（如医学诊断、法律咨询、文化工业等）。

3.3. 由于教育工作是一个不可逆转的过程，它在灌输所必需的时间内生产着一种不可逆转的倾向，即一种只能通过生产新的不可逆转倾向的不可逆转过程才能被制止或改变的倾向。所以，在没有事先经验的教育工作中（初始教育工作）完成的最初教育行动（初始教育）生产了一个集团或阶级特有的一种初始习性，它成为以后形成其他习性的本源。

评注　胡塞尔发现了意识的经验论家系学的明显特点，他说：

“我受到的是一个德国人的教育，不是一个中国人的教育。但我受到的又是一个小城市居民的小资产阶级家庭及学校环境的教育，不是一个在军事学校培养的贵族大地主所受到的教育。”在这里引用他的话，并非没有一点恶意。他发现，尽管人们总是可以获得对另一种文化的丰富知识，甚至根据这一文化的原则重新接受教育（如“试图学习贵族军事学校里开设的一系列课程”或“按中国的方式重新接受教育”），“但这种对中国的适应不可能具有它的全部意义，这就和不可能在全部意义上和所有具体存在中适应容克[①]贵族地主的情况一样”。

3.3.1. 除初始教育工作之外，全部教育工作（第二步的教育工作）的特殊生产能力的水平，随它试图灌输的习性（即强加的文化专断）与过去的教育工作——说到底是初始教育工作灌输的习性（即原有的文化专断）——之间距离的大小而变化。

评注1　各种学校教育，从更广泛的意义上说，所有第二步的
59 教育工作，它们的成绩从根本上依赖于在它们之前进行的初始教育，甚至在学校把学校历史作为没有史前的历史，在思想上拒绝承认这一时间顺序的情况下也是这样，而且尤其是这样。我们知道，通过与日常生活行为相联系的全部学习，特别是通过掌握母语或使用亲缘关系和有关词汇，在实际中被掌握的是逻辑倾向。不同集团或阶级的这些倾向的复杂情况不一，在符号方面的加工水平

① 容克（Junker），普鲁士贵族地主。——译者

不一，它们事先不同程度地决定了对一些活动的符号控制水平。这些活动既包括数学论证，也包括对艺术作品的鉴别。

评注2　初学过程使在家庭中得到的习性成为接受和掌握学校信息的本源，使在学校得到的习性成为接受和掌握文化工业生产和传播的信息的程度的本源。从更广泛的意义上讲，后者指各种学术或半学术信息。但是，我们也看到，有的人，比如学校全能的崇拜者或“大众传播工具”全能的预言家，不考虑造成上述结果的初学过程的不可逆转性，幼稚地提出了实施符号暴力的不同当局（如家庭、学校、现代交流手段等）的不同效果问题。

> 3.3.1.1. 一种给定的灌输方式的特点，由它在以下二者之间的地位表现出来（从命题3.3.1.涉及的方面来看）：(1)以使一种习性完全取代另一种习性为目标的灌输方式（皈依）；(2)以无条件地确认初始习性为目标的灌输方式（保持或强化）。

评注　第二步的教育工作以决定一种根本的转变（metanoïa）为目标。它们必须组织自己实施的社会条件，以消灭“原来的人”，60
从零开始，生成新的习性。教育工作这些特点的本质，可以从这种必要性中演绎出来。人们应当注意到倾向，比如教育形式主义的倾向，即把灌输的专断性展示为为了专断而专断的倾向。或者从更广泛的意义上讲，为了规则而强加规则的倾向。后一种倾向成为皈依式教育行动特有灌输方式的主要特点，比如假做可怜或自我凌辱（“做点蠢事”）的训练、军事训练，等等。在这方面，极权性

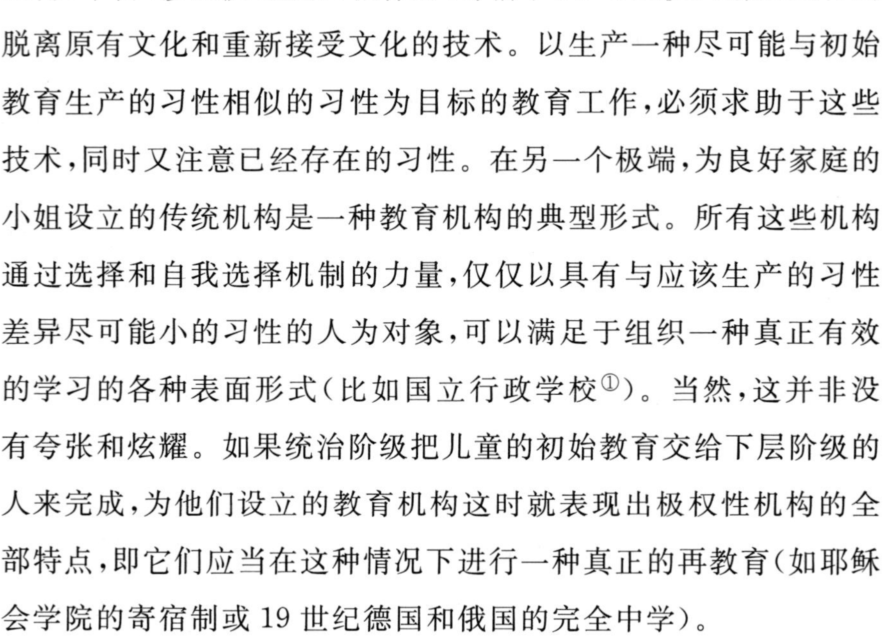

机构（军营、修道院、监狱、收容所、寄宿学校）可以使人清楚地看到脱离原有文化和重新接受文化的技术。以生产一种尽可能与初始教育生产的习性相似的习性为目标的教育工作，必须求助于这些技术，同时又注意已经存在的习性。在另一个极端，为良好家庭的小姐设立的传统机构是一种教育机构的典型形式。所有这些机构通过选择和自我选择机制的力量，仅仅以具有与应该生产的习性差异尽可能小的习性的人为对象，可以满足于组织一种真正有效的学习的各种表面形式（比如国立行政学校[①]）。当然，这并非没有夸张和炫耀。如果统治阶级把儿童的初始教育交给下层阶级的人来完成，为他们设立的教育机构这时就表现出极权性机构的全部特点，即它们应当在这种情况下进行一种真正的再教育（如耶稣会学院的寄宿制或19世纪德国和俄国的完全中学）。

3.3.1.2. 既然最初的教育工作灌输的最初习性是以后形成各种习性的本源，那么从这个角度讲，一种第二步的教育工作的特殊生产力水平，就用教育工作（灌输方式）的完成所必需的手段系统的客观组织程度来衡量，而后者随它要灌输的习性与过去教育工作生产的习性之间存在的距离而变化。

61 **评注** 如果一种教育工作越能考虑到教育信息的对象掌握这一信息编码的水平，通过有条不紊地组织用于保证加快掌握传递

---

① 国立行政学校（École nationale d'Administration），法国一所培养高级管理人才的学校。——译者

编码及由此加快灌输习性的训练，更完全地生产出交流的社会条件，那么这种第二步的教育工作就越有生产力。

3.3.1.3. 一种灌输方式的传统主义程度，由它客观地向一批有限的合法对象加以组织的程度来衡量，即通过第二步的教育工作的成功要求对象具有适当习性（也就是它再生产的文化专断所属的那些集团或阶级本身的教育气质和文化资本）的程度来衡量。

3.3.1.3.1. 在一个给定的社会构成中，由于主灌输方式有助于满足统治阶级，即合法对象的利益，所以主教育工作在它实施对象的不同集团或阶级中产生的不同生产力，总是随初始教育工作为不同集团或阶级灌输的初始习性与主教育工作灌输的习性之间的距离大小而变化（即随教育或文化移入在不同集团或阶级中成为再教育的程度或成为对原有文化的脱离的程度而变化）。

3.3.2. 由于，(1)对在一种实践中发挥作用的原则的阐述和形式化，即对这一实践的符号控制，必须在逻辑和时间顺序方面遵循对这些原则的实际控制，也就是说符号控制自己从来没有自己的基础；(2)符号控制对产生它的而且自己又对它施加了作用的实际控制是不可逆转的，所以，(1)所有第二步的教育工作都生产对它从中得到符号控制的初始实践来说是不可逆转的第二步实践；(2)它所生产的第二步控制以先有 62
的一种控制为前提，教育工作在人一生中开展得越早，这种控

制就越接近对实践的简单实际控制。

评注　从纯粹意义上讲，学校的语法教学不包含一种能产生语言实践的新语法。在实践中，儿童应当掌握原则，学习使这些原则服从逻辑的控制（如变位、性数变化、句法构成等）。但是，在学习把他做的事在学术方面进行编码的过程中，他得到了更自觉更系统地做这些事的可能（见皮亚杰和维果茨基[①]的论述）。在人的一生中，这一变化与历史进程相同。通过后者，一种习惯法或一种传统法律（Kadi Justiz），变成了合理的，即根据明确原则编制的法律（如要全面了解，见韦伯对宗教、艺术、政治理论方面合理化过程一般特点的分析）。根据同一逻辑，我们看到，教师强加符号的行动的成功，随他们使面对集团实际上已经掌握的原则明确化和系统化的能力大小而变化。

3.3.2.1. 一个给定的灌输方式的特点，即使一种文化专断得以内化的手段系统的特点（从命题3.3.2.涉及的方面去看），由它在以下二者之间的地位所决定：(1)通过不自觉地灌输在强加的实践中只以实际状态出现的原则而生产一种习性的灌输方式（暗含教学法）；(2)通过按部就班地组织灌输业已提出、甚至形式化了的原则而生产习性的灌输方式（外显教学法）。

① 让·皮亚杰（J. Piaget，1896—1980）和维果茨基（L. S. Vygotsky，1896—1934）皆为当代著名心理学家。——译者

评注　要想根据这两种对立的灌输方式各自的生产能力评价它们的高低是徒劳的。这是因为，用所生产习性的持续性和可转移性来衡量的这种效能，不能单独定义，脱离不了灌输的内容和有 63
关教育工作在一个给定的社会构成中应有的社会功能。这样，在它以真正回到自身、从示范行为中排除了对原则的分析为代价，要求弟子或门徒认同“先生”或更有经验的“伙伴”的整个个性的情况下，暗含教学法在传播未经分化的和整体的传统知识（仪态或技巧）的时候可能最为有效。另一方面，暗含教学法需以事先获得一定知识为前提，所以当它面对没有这一知识的人的时候就不那么有效了。当有关教育行动在受主教育行动支配的一个教育行动系统中进行的时候，当这一系统通过使事先获得知识的人保持对这一知识的垄断，从而有助于文化再生产，进而有助于社会再生产的时候，暗含教学法可以对统治阶级很“有好处”。

3.3.2.2. 既然各种第二步的教育工作本身都能生产对它从中得到符号控制的实践来说是不可逆转的实践，那么在这方面，一种第二步的教育工作所特有的生产力水平，就由教育工作完成（灌输方式）所必需手段的系统客观组织的程度来衡量。该系统旨在通过明确灌输已经编码的正式原则，保证习性的正式可转移性。

3.3.2.3. 一种灌输方式的传统主义程度，由教育工作的完成所必需的手段被压缩为表示应当再生产习性的实践的程度来衡量。仅仅由于这些实践是由具有教育权威的人反复完成的，所以它们才有助于直接再生产实际的可转移性所确定的一种习性。

评注　一种教育工作，(1)越是没有作为专门和独立的实践而
64 被明确划定界限，(2)越是被一些功能更整体、更未分化的当局所实施，就越具传统性。也就是说，它越是把自己完全压缩成为一个习惯过程，教师在里面通过示范行为不自觉地传递他从未自觉控制的原则，接受者也不自觉地内化这些原则，它就越具传统性。极而言之，正像人们在传统社会中看到的那样，整个集团和整个环境是存在的物质条件系统。因为它们具有符号意义，这使它们得到一种强加权力，不需专门人员和专门时间，就实施着一种不具姓名和不明确的教育行动（比如，中世纪通过日历上的节日安排传授教理，把日常空间的组织或符号物品作为虔信的教材，培养基督教习性）。

3.3.2.3.1. 在一个给定的社会构成中，接受初始教育工作的不同集团或阶级的成员生存的物质条件越是使他们密切地服从于实践的紧迫性，这一工作就越完全依靠实践的可转移性，由此而妨碍对实践的符号控制能力的形成和发展。

评注　一种教育工作越是更多地通过记录得以完成并分类进行概念化，就越接近外显教学法。如果同意这一点，那么就可以看到，一个集团或阶级生存的物质条件越是使他们能更完全地与实践保持距离，即按照幻想或思考的方式，使把一种实用主义倾向强

加给被统治阶级的至关重要的紧迫性“中立化”(neutraliser)[①],对它实施的初始教育工作就越能为建立在外显教学法基础上的第二步教育工作做好准备。而且,负责实施初始教育工作的人本身越是在符号控制方面受到第二步教育工作程度不同的准备,他们越是因此在把初始教育工作引向第二步教育工作要求的实际控制的 65
书面化、明确化和概念化方面具有不同的能力(比如,极而言之,教师或知识分子家庭中家庭教育工作与学校教育工作的连续性),上述情况就越突出。

3.3.3. 既然主教育工作以委托为基础,那么主文化专断越是被合法对象完全掌握,即它应当灌输的(资本与精神气质)越是更多地被统治集团或阶级的初始教育所灌输,这一教育工作就越会完全不必明确灌输作为它特有生产力条件的事先准备。

3.3.3.1. 在一个社会构成中,如果无论是在教育实践中还是在整个社会实践中,主文化专断都能使实际控制服从对实践的符号控制,那么在实践阶段,对准许对实践的符号控制的原则的掌握,越是通过统治集团或阶级的初始教育工作已经更完全地灌输给了合法对象,主教育工作就越会完全不必明确灌输准许符号控制的原则。

评注　一些遗传心理学理论,把智力的发展描述为一种符号

① 社会学中意为削弱、减轻。——译者

方面的感觉-运动控制的单线变化的普遍性过程。与这种观点相反，不同集团或阶级的初始教育工作生产的一些初始倾向系统，不仅作为同一种实践的不同表现程度有所不同，而且作为不同类型的实际控制有所差异。它们程度不同地事先决定了掌握主文化专断特别重视的某一类符号控制。这样，一种以操纵事物及与此相关的与词汇关系为方向的实际控制，事先就更倾向于重视词汇的使用及词汇使用至上所允许的对与词汇及事物关系的实际控制，而不是更倾向于对文学性书面化规则的学者式控制。初始教育工
66 作使一些人掌握了以语言为主的实际控制。奇怪的是，只有当一种以首先灌输对一种语言及一种语言关系的控制为使命的第二步教育工作以这些人为合法对象的时候，它才坚持一种暗含的教学法。当涉及语言的时候尤其是这样。这是因为，他可以依靠一种习性，这种习性在实际中包含了根据有修养的语言关系使用语言的倾向（如人文教育与资产阶级初始教育之间的结构性亲缘关系）。与此相反，在一种声明以灌输对手工技术的实际控制为功能的第二步教育中（如技术教育机构中的技术教学），仅用学者式语言阐明下层阶级出身的儿童已经实际控制的那些技术原则一事，就和普通教育把他们的语言贬为行话、切口或难懂的话一样，还是把秘方和手工技巧归入简单的“修修弄弄”的非法性。学者语言用一种无法逾越的障碍，把掌握原则的人（如工程师）和一般的实际工作者（如技术员）分隔开来。以上就是它最有力的一种社会效果。

3.3.3.2. 主初始教育工作灌输的内容包括以词语为主

的实际控制，一些集团或阶级实施的初始教育与之相去甚远。在3.3.3.1.给定的社会构成类型中，使用一种传统灌输方式（取其在命题3.3.1.3.和3.3.2.3.中的含义）的主第二步教育工作，越是面向这些集团或阶级，它特有的生产力就越低。既然如此，这样一种教育工作就在其实施中并通过这一实施，有助于划定它实际可能有的对象的范围。同时，不同阶级或集团越是完全不具有它的灌输方式事先客观要求的资本和精神气质，这一工作就会越快地把他们排斥掉。

3.3.3.3. 在3.3.3.1.给定的社会构成类型中，使用一
种传统灌输方式的主第二步教育工作，被定义为不完全生产 67
其生产力需要的条件，只能通过放弃才可以实现它的排除功能。既然如此，这样一种教育工作就将不仅有助于确定它实际可能有的对象的范围，而且有助于生产对确定这一范围的机制的不知。也就是说，有助于使人承认它的实际对象便是合法对象，不同集团或阶级实际受灌输时间的长短便是合法的灌输时间。

评注　如果说，每一种主教育行动都以对其合法对象范围的确定为前提，那么排斥则往往是由实施教育工作的当局以外的机制来进行的。这或者是经济机制直接程度不等的作用，或者是习惯或法律方面的规定（比如把**限额招生**作为根据人种或其他标准武断地限定教育对象的手段）。一种只通过其教育工作特有的灌输方式这一种效能淘汰某些类别的接受者的教育行动，比其他教育行动更完全彻底地掩盖了它的对象实际范围的专断性，从而更

加巧妙地强加了它的产品和它的等级的合法性(社会神正论[Sociodicée]①功能)。在通过其"传播水平"这唯一一种作用,即通过它事先要求掌握识别展品所必需的文化编码这一事实,限制观众并使其社会资格合法化的博物馆里,人们可以看到以掌握其生产力条件这一暗含先决条件为基础的一种教育工作所划定的界限。另外,有助于以几乎是自动的方式,即根据制约不同集团或阶级与主教育当局关系的规则,保证排斥某些类别的接受者(自我淘汰、延迟淘汰等)的机制的作用,可以被下述事实所掩盖:淘汰的社会功能被教育当局在全体合法对象内部进行的选择的明显功能所掩盖(比如考试的思想功能)。

68 3.3.3.4. 既然在3.3.3.1.给定的社会构成类型中,使用一种传统灌输方式的主第二步教育工作,不明确灌输作为它特有生产力条件的事先应有的知识,此种教育工作则将有助于通过自身的实施生产先有知识占有方式的合法性。统治集团或阶级垄断着这些知识,因为他们垄断着掌握知识的合法方式,即通过初始教育工作灌输处于实际状态的合法文化的原则(把通过教养得到的与合法文化的关系作为熟悉的关系)。

3.3.3.5. 既然在3.3.3.1. 给定的社会构成类型中,使用一种传统灌输方式的主第二步教育工作不明确灌输作为它特有生产力条件的事先应有的知识,此种教育工作则在它的

① 此词为作者所造,即 théodicée sociale。

实施中并通过这一实施，要求、生产和灌输一些理论，这些理论有助于论证作为它实施条件的预期理由（la pétition de principe）[①]的正确性（否定通过教养生产素质的社会条件的天才论）。

评注 1　通过罗森塔尔（F. Rosenthal）的一个实验，我们可以看到天才论最典型影响的一个典型形象：交给两组实验员两个瓶子，里面放着来自同一家族的老鼠。告知实验员这些老鼠经过选择，一组聪明，一组愚笨。于是，实验员从两组对象中得到了明显不同的结果（比如，根据古典国立中学、市立中等教育学校、市立技术教育学校[②]或大学校与大学等学校类型的不同，或根据在古典班还是现代班，甚至根据所学专业的不同，在学校和社会方面把全体学生分成等级不同的集团，这对学生和教师都有影响）。

评注 2　既然在 3.3.3.1. 给定的社会构成中，以使用一种传
统灌输方式为特点的主第二步教育工作（取其在命题 3.3.1.3. 和 69
3.3.2.3. 中的含义），因其特有生产力的变化和主文化专断与其面对的集团或阶级的文化专断的距离成反比，而倾向于剥夺被压迫阶级成员已经完成的教育的物质和符号利益，那么人们就可以提出疑问：如果相反，一种第二步的教育工作重视事先存在的习性与要灌输的习性之间的距离，并根据外显教学法的原则得到系统地组织，那么它是否能消除传统教育工作承认并在合法对象与其他

① 逻辑学用语，又称“窃取论点”或“丐词”。——译者

② 皆为当时法国中学类型，地位和水平依次降低。——译者

人之间确立的界限？或者换句话讲，如果一个十分合理的教育工作，即一个从头开始在各方面对所有可教育的人进行的教育工作，开始时不根据结果进行任何调节，向所有的人阐明明确灌输的、由初始教育行动只向某些集团或阶级灌输的、对实践的符号控制的实际原则，总之一个到处用规划好了的对合法文化的传递取代传统灌输方式的教育工作，是否不适合被统治集团或阶级在教育方面的利益（通过教学方法合理化实现教育民主化的假设）？但是，要想证明建立在这个假设之上的教育政策的乌托邦性质，只需要注意，权力关系结构使主教育行动不能求助于与赋予它教育权威的统治阶级利益背道而驰的教育工作，甚至不必提及各种教育机构自身的惰性。另外，只有在把被统治阶级的客观利益与其成员的全部个人利益（比如在社会流动或文化提高方面）视为相同的条件下，人们才能认为这种政策符合被统治阶级在教育方面的利益。这就是又忘记了，有限数量的个人受控制的流动，可以服务于阶级关系结构的永续。换言之，就是以假设可以在全阶级普及这些特性为条件，而只有在一些特性只为某些人保留，因而不面向整个阶
70 级的情况下，这些特性才能在社会学上属于这个阶级的某些成员。

4. 关于教育系统

4. 各种**制度化了的教育系统**（SE）的结构和运行特点来自如下事实：它必须通过制度特有的手段，生产并再生产制度性条件。无论对实施它的灌输功能来说，还是对完成它再生产一种文化专断的功能来说，这些条件的存在和持续（机构的

自我再生产)都是必要的。它不是这一文化专断的生产者(文化再生产),该文化专断的再生产有助于集团或阶级之间关系的再生产(社会再生产)。

评注1　当这一教育行动由一个系统(SE)实施的时候,这涉及建立普遍揭示教育行动的条件和结果的那些命题(命题1、2、3)应当具有的特殊形式,也就是使一种制度成为它应该是的那个样子,以产生生产一种习性的制度性条件,同时产生对这些条件的不知。这种提法不是把自己压缩为对某一个教育系统出现的社会条件的纯历史性研究,甚至把自己压缩为对广义教育制度出现的社会条件的纯历史性研究。为了理解法国教育系统的结构和运行特点,涂尔干从下述事实出发:这一系统从根本上是为生产一种基督教习性而组织起来的,该习性力图勉勉强强地把希腊-罗马遗产

与基督教信仰结合起来。而韦伯则力图从决定以生产一种宗教习 71
性为目标的各种机构的结构和运行的功能要求中,演绎出各种教会跨越历史阶段的特性。所以,前者的努力不如后者更能直接导致一种关于教育系统的普遍理论。只有提出一种制度化了的教育行动的可能性的属性条件,才能把它的全部意义赋予对实现这些属性条件所必需的社会条件的研究。也就是说,才能理解,在不同的历史环境中,诸如城市人口的集中、影响到当局或知识分子实践独立化的劳动分工的进步、符号财富市场的形成等社会进程,如何作为一种教育系统出现的社会条件系统,具有了系统的意义(参见韦伯使用的逐步深入的方法,他以此把与封建社会解体有关的社会现象组成了资本主义生产方式出现的社会条件系统)。

评注2　只要没有忘记，教育机构相对独立的历史应当被放回到相关的社会构成的历史当中去，人们便有权认为，其出现与制度的系统变化（如为教师上课付酬金，建立能组织培养新教师工作的学校，在广泛的地理范围内统一学校的组织，考试，教师的公职化和工资制度）相关的某些特点，标志着教育工作制度化进程的一个个有意义的新起点。所以，尽管古代教育的历史可以使人看到一个不间断过程的一个个阶段——从导师制到罗马帝国的哲学与修辞学校，中间经过了僧侣或先哲的入会教育以及大多是诡辩家的巡回教师的工匠式教育，涂尔干还是有充分理由认为，在中世纪大学之前，西方不存在教育系统。这是因为，他选作决定性标准的受法律承认的对灌输结果的认可（文凭）在出现之后，便纳入了工作人员的专业化、灌输的连续性和灌输方式的一致性这些标准。
72 根据韦伯的观点，人们也可以认为，从一定时刻起，学校制度具有决定意义的特点便已形成。在这一时刻，出现了一批固定的专门人才，他们的培养、录用和职业生涯由一个专门组织管理。他们从制度中得到了条件，用来成功地确认他们垄断合法文化的合法灌输的意图。如果说，通过把与一种社会实践的制度化相联系的结构性特点和在垄断这一实践方面取得成功或失败的专家团体的利益相对照，任何人都能理解这些特点，这是因为这些过程代表了一种实践的独立化的两种密不可分的表现，即它的构成本身的两种表现。正如恩格斯所观察到的那样，法律作为法律的出现，即作为“独立领域”的出现，与导致一个职业法律工作者团体形成的劳动分工的进步有关。韦伯也指出，宗教的“合理化”与一个神职人员团体的形成有关。同样的情况还有，艺术作为艺术形成的过程，与一个相对独立的知识与艺术领域的形成有关。教育工作也是这样，它作为教育工作的形成与教育系统的形成有关。

4.1. 既然(1)只有在通过制度自身的手段生产并再生产一种教育工作——该教育工作能在制度的条件允许的范围内，即不间断地、廉价地和大批地，在尽可能多的合法对象当中(其中包括制度的再生产者)，再生产一种尽可能一致和长久的习性——的条件，一种教育系统才能完成它自身的灌输功能；(2)为了完成它的文化和社会再生产的外部功能，一个教育系统必须生产出一种尽可能符合它应当再生产的文化专断的原则的习性，那么一种制度化了的教育工作的实施条件及这种教育工作制度性再生产的条件，就趋向于与再生产功 73
能完成的条件相吻合。这是因为，一个固定的专门化人才团体，为了能不断地招聘到足够的人数而很容易互换。这些人受到一致的教育，拥有被一致化并有一致化作用的工具。这些工具是实施一种专门的和有章可循的教育工作，即一种**学校工作**(TS)——第二步教育工作的制度化形式——的条件。这个团体受到它自身再生产的制度性条件的影响，事先就倾向于为它的实践确立界限。这些界限由一种被授权的机构划定，以便再生产文化专断，而不是颁布这一专断。

4.1.1. 既然应当生产出制度性条件，使可以互换的人不间断地，即每天在一个尽可能广泛的地理范围内从事一种再生产它有权再生产的文化专断的学校工作，教育系统就试图向为完成灌输而被招聘和培养的人们提供一些制度性条件。

这些条件能同时使他们不必开展混杂的和异端的学校工作并防止他们开展这些工作,即不用明令禁止,便能最好地排除与它再生产合法对象的智力和道德统一化这一功能所不相容的各种实践。

评注　在中世纪,autor 与 lector 都有教师的含义。但前者是“超出寻常地”生产或教授有特色的作品;后者局限于对权威的反复解释和可能反复的解释,“寻常地”教授不是他生产的信息。二者的区别表明了教师实践的客观真相。可能只有在教师的控制理论,即对教师功能真相的艰难否定之中,或者在使学校各种窍门服务于对学校诠释工作的超越的巧妙仿造之中,这一客观真相才从来未有地如此明显。

74　4.1.1.1. 既然应当保证使学校工作一致化和正统化的制度性条件,教育系统就试图使负责灌输的人受到一致的培养并拥有一致化了的和有一致化作用的工具。

评注　在教育系统提供给它的人员使用的教育工具中(如教材、说明、手册、教师用书、教学大纲、教学指令等),应当不仅看到灌输的催化剂,而且看到保证使学校工作的正统性克服个人邪说的检查工具。

4.1.1.2. 由于必须保证使学校工作一致化和正统化的制度性条件,所以教育系统就试图使它灌输的信息和培养接受一种处理。这种处理的本源同时存在于学校工作的要求和被放到这些制度性条件中的人员所固有的倾向之中。也就是说，教育系统试图使学校的信息系统化、一致化和制度化（把学校文化作为“常规化了的”文化）。

评注1　先知和创造者总是谴责教师和神职人员把最初的预言和有特色的作品搞成陈规俗套（有如批评经典的东西“已成化石”或“在进行防腐”，这些批评注定也要成为历史），那些渴望成为先知和创造者的人也随声附和。这种谴责受到人为主义幻想的启发，认为一种学校工作可以不带有它实施的制度性条件的印迹。各种学校文化有必要一致化和程式化，即被学校工作的常规和为了这些常规而“常规化”，也就是被一些重复和重建的练习和为了这些练习而“常规化”。这些练习必须相当刻板，以使那些尽可能不是不能被代替的辅导教师不停地让人们去重复（比如教材和笔记本，宗教或政治方面的必备书籍和必修课程，注释与说明，百科 75
全书和文集，选集，考试年鉴和答案汇编，抄录的警句、格言、帮助记忆的诗句和提要，等等）。不管灌输什么样的习性，正统主义的还是创新的，保守的还是革命的，宗教方面的还是艺术方面的，政治方面的还是科学方面的，各种学校工作都生成一个推论。后者试图按照一种首先服从于学习制度化要求的逻辑（如学院主义或列宁所说革命作家的“神圣化”），明确这一习性的原则并使之系统化。有时候，折中主义和诸说混合论可以明确地以一种静修理论和一种学说与思想的广泛调和理论（与作为**永久哲学**[philosophia perennis]的哲学相关的哲学——可能在地狱进行

对话的条件——相调和)为基础。如果说,折中主义和诸说混合论成为各种教育“常规化”效应的一种最主要特点,这是因为,信息的“中立化”和不真实化,以及由此产生的价值观与竞争文化合法性的各种理论之间的冲突,构成了对教学大纲的共识这一纯学校性问题的一种典型学校式解决方案,大纲则被公认为精神设计的必需条件。

评注 2　一个给定的教育系统(或教育系统一个给定的当局)的教育行动,越是根据文化再生产的功能得以完全地组织,这个系统就越是完全地服从于“常规化”法则。比如,如果说法国教育系统,甚至在它的最高当局,比其他教育系统更完全地表现出与教育工作制度化有功能性联系的运行特点(如自我再生产至上、有关科研的教学不足、由学校规划研究准则和探索目标等),如果说在这一系统中文科教育比理科教育更突出地表现出这些特点,这可能是因为只有很少这样的教育系统,统治阶级要求它们少做些别的

76 事情,而应当着重于原封不动地再生产合法文化,生产能合法操纵这一文化的人(比如,首先是教授、领导人、行政官员或律师、医生,必要时还有文学家,而不是研究人员、学者或技术员)。另外,一类人员越是完全地被他们在教育系统中的地位所限定,即很少参与其他领域的实践(比如科学或知识领域),他们的教育实践,尤其是智育实践(比如研究活动),就越是完全地服从“常规化”法则。

4.1.2. 既然应当在时间中再生产实施学校工作的制度性条件,即应当把自己作为制度加以再生产(自我再生产),以再生产它受权再生产的文化专断(文化和社会再生产),那么

各种教育系统就必须垄断对负责这一再生产的人员的生产。这些人员受过长期培养，能担负一种学校工作，以期在新的再生产者中再生产这种培养，并由此而包含一种在它相对独立的范围内进行的完美自我再生产的倾向（惯性）。

评注1　各类教师都有尽量按照与生产他们的教学方法相似的方法传递他们知识的倾向。在这种倾向中，不应当只看到与教育再生产周期的结构时间相联的*滞后*作用。实际上，一个教育系统的工作人员的经济和符号价值几乎完全依赖学校的认可。当他们致力于用自己的教育实践再生产他们作为产品的那种培养时，就力图通过保证他们具有全部价值的市场的再生产来保证他们自身价值的再生产。从更广泛的意义上讲，如果对他们大学资格价 77
值的保护在只是保护他们自己在市场上的价值的招牌下进行，他们仅仅以此来保护某种符号市场及其保存功能的存在，那么主张学校少授资格的人的教育保守主义就可能不会从最热衷于保持社会秩序的集团或阶级那里得到如此坚决的支持。我们看到，当这一依赖关系通过一个教育系统来实现，即当制度的倾向与人员的利益可以表现为有利于制度的相对独立性并处于其界限之内的时候，依赖关系可以具有一种完全反常的形式。

评注2　只有在教学法处于暗含状态（取其在命题3.3.1.中的含义）的教育系统当中，即由于负责灌输的人员通过长期求助于那些自己也是在实际中掌握教育原则的教师，不自觉地学到这些原则，因而他们只能在实际上占有这些原则的教育系统当中，自我再生产倾向的实现才能达到其他地方从来没有过的如此完全。

“人们说，青年教师通过回忆他高中和大学的生活就能解决问题，这难道不是宣布陈规陋习的永久性吗？于是，由于明天的教师只能重复他昨天的老师的动作，就和后者过去仅仅是模仿他自己的老师一样，人们便无法看到，在这个无休止的一个样板再生产一个样板的连续之中，如何有一天能够出现某种新气象。”(涂尔干)

4.1.2.1. 既然教育系统包含了一种自我再生产的倾向，那么它就试图只以用它的相对独立性来衡量的延迟，再生产它受权再生产的文化专断中出现的变化(学校文化的文化延迟)。

4.2. 教育系统使教育行动成其为教育行动，即特意作为这样来实施和承受的专门行动(学校行动)。它宣布自己是专门实施教育的机构，从而明确地提出了它自己的合法性的问题。既然如此，所有教育系统就都必须通过机构自身的手段，
78 生产和再生产制度性条件，以使它实施的符号暴力不为人所知，即承认它作为教育机构的合法性。

评注　教育行动的理论使各种教育行动的客观真相与教育行动制度化的客观意义相提并论，揭示了教育系统的矛盾。教育系统消除了对初始或原始教育愉快的不意识。这种教育是一些隐蔽的说服行动，它们比其他任何形式的教育都能更好地强加对其客观真相的不知(因为，极而言之，它们甚至可以不作为教育出现)。这样，教育系统如果不能从制度化本身找到消除下面这个问题的可能性的特殊办法，就将面临这个问题：它有没有权利建立一种教

育交流关系，有没有权利强加有资格被灌输的内容的范围？总之，一种教育系统的延续证明，它通过自身的存在解决它的存在所导致的问题。如果说，当人们考虑一个正在运行的教育系统的时候，这种想法表现为抽象的或人为的，那么当人们检查制度化过程的一个个阶段的时候，教育行动合法性疑问的提出和对这一问题的掩饰不同时进行，这种想法便具有了它的全部意义。所以，诡辩家——这些无法依靠一种制度的权威，如实宣布他们的教师实践的教师们（比如，普罗塔哥拉[①]曾经说，“我承认是一名职业教师——诡辩家，一个教育人的人”），不能完全回避上面这个问题。而这个问题是他们在从事教学职业的过程中造成的，又不断出现在他们的教学中。由此，便产生了一种教学，它的提问和问题的实质构成了对教学的一种辩护性思考。同样，在危机时刻，当把合法性委托给教育系统的心照不宣的协议受到威胁的时候，教师就面临一种无法不使人想起诡辩家境地的形势。他们必须竭尽全力，为了自己的利益来解决制度试图通过自身运行而排除的问题：教师职业实施的客观真相，也就是使这一实施成为可能的社会和制度方面的条件（教育权威），可能只有在制度的危机使职业的实施 79
很困难或不可能的情况下，才表现得比其他任何时候都更为充分（比如，一位教师在给一份报纸的信中说：“一些家长不知道《可尊敬的妓女》[②]谈论的是黑人问题。他们以为，神经不正常的、吸毒的——我也不知道还有什么的——教师，想把学生带到坏地方

① 普罗塔哥拉（Protagoras，公元前 485—约公元前 410），思想家和教师，希腊第一个最有名的诡辩学家。——译者

② 法国当代作家萨特的戏剧作品。——译者

去……另一些家长反对教师，是因为教师同意谈论避孕药：性教育只和家庭有关……还有，有的教师由于在高中毕业班介绍马克思主义而被当作共产党人，有的教师由于认为必须解释什么是圣经或克洛岱尔的行为[①]而被怀疑试图嘲弄世俗性[②]。”）

4.2.1. 由于教育系统赋予所有工作人员一种委托的权威，即一种**学校权威**（AuS）——通过一种两个层次的委托，在制度中再生产使制度受益的权威委托的教育权威的制度化形式，所以教育系统便生产和再生产着实施一种制度化教育行动和完成它外部再生产功能所必需的那些条件。这是因为，制度的合法性使制度的工作人员不必不断地取得并确认他们的教育权威。

评注 1　由于学校权威——教育系统工作人员的权威——以两个层次的委托为基础，所以它既不同于以不正统和非专门化方式实施教育的人员或当局的教育权威，也不同于先知的教育权威。教会垄断着对至福财富的合法操纵，教士便是它的官员。教师和教士有着相同的资格，是教育系统的官员。他在任何情况下和任何时候，都不应该为自己建立自己的教育权威。因为，他与先知和精神创造者不同，后者的权威被信息和对象期望之间关系的间断
80 和动荡所终止。教师根据学校权威——制度向他们保证的、在制

① 指原不信教的法国作家保罗·克洛岱尔（Paul Claudel，1868—1955）18 岁时皈依天主教一事。——译者

② 世俗性为法国教育三大原则之一。——译者

度性手续和规则中被社会客观化和符号化了的功能的合法性，向已施坚振礼[①]的虔诚对象布道。那些制度性手续和规则决定了培养、认可培养的文凭及职业的合法实施（韦伯说过，“与先知相反，教士根据自己的职责分发至福财富。即便可以说教士的职责不排除神赐给个人的能力，但就是在这种情况下，教士也被它的职责合法化为一个至福组织的成员”。涂尔干则指出，“教师与教士一样，有一种受到承认的权威，因为他是一个超越他的精神人格的工具”）。在天主教传说中，有不犯错误——制度的恩赐——这一教条。从中，人们会再一次发现教育官员与教育功能之间关系的典型表现。上述教条只是制度的教育权威的变形，作为宗教教育的可能性的条件而受到解释者的专门描述：“为了使教会能够完成它肩负的保管和解释耶稣受难像的使命，有必要让它得到上帝的特殊帮助。由于有了这种帮助，教会在向信徒的信仰正式提供真理的时候可以不犯任何错误。这样，当教皇在讲坛上作为宗教博士教诲人的时候，他不会犯错误”（议事司铎巴尔迪[G. Bardy]语）。

评注 2　尽管教育机构几乎总是来自教会机构的世俗化或宗教传统的非宗教化（韦伯指出，古代学校除外），但是只要人们不考虑教会与学校在结构和功能方面的相似点，作为来源的团体就无法解释教士和教师在人格方面的明显一致性。人们从涂尔干的著作中也可以看到这一点。但是，他又提出了教师功能与教会功能之间的相似性。历史上亲缘关系的明显性不需要任何其他解释：
“大学的一部分，是由保持着教士面貌的世俗人士和世俗化的教士 81

① 天主教的一种仪式，表示儿童已经成年。——译者

组成的。从此，在教士团体面前，便存在着一个不同的团体，但后者是部分按照与之对立的团体的形象形成的。”

4.2.1.1. 一个给定的教育当局的特点，根据它实施的教育行动制度化的程度，即它自主化的程度，由它在以下两种教育系统之间的位置所决定：(1)教育行动在其中不是作为特殊实践形成，它由一个集团或阶级几乎全部受过教育的成员去完成（专门化只是零星的或部分的）；(2)实施教育行动所必需的教育权威，在其中被明确地委托给了一个专门人才团体并受到法律保证，为了完成学校工作，该团体的专门人才是按照制度控制和制订的程序，在指定的时间和地点，利用标准化和经过检查的工具来录用、培养和任命的。

4.2.2. 由于教育系统生产一种学校权威——制度的权威，这一权威建立在两个层次的委托之上，似乎除工作人员的个人权威以外没有其他基础，所以教育系统生产和再生产着一种制度化了的教育工作的实施条件。这是因为，制度化一事可以使教育工作成其为教育工作，而不需要实施它和接受它的人停止对它的客观真相的无知，即停止对使学校工作成为可能的被委托的权威的最终基础的不了解。

评注1　教育工作对它在其中实施的社会构成的权力关系具有独立性。当因为两个层次的委托，制度通过自己的中间地位，禁止人们理解成为学校工作实施者权威最终基础的权力关系的时候，这一独立性的全部思想表象便具有了特殊的形式和力量。学

校权威以下面这个幻想为本源：一个教育系统实施的符号暴力与各集团或阶级之间的权力关系没有任何联系，这一权威又把自己 82
的强加力量加入了它所表示的权力关系之中（比如雅各宾派关于学校在阶级冲突中“中立”的思想，把大学作为科学庇护所的洪堡和新洪堡理论，**自由知识**（德文：Freischwebende Intelligenz）理论，最后极而言之，还有关于可以在教育合法性的法庭上控告产生它的文化专断的原则的“批判式大学”的乌托邦。后者和某些人种学家特有的幻想距离不远。根据这一幻想，制度化了的教育和传统教育不同，它将形成一种能决定一些“突变”并“创造一个新世界”的“变化机制”——M．米德）。在它更加全面地掩饰它的教育权威的最终基础，并由此掩饰它的工作人员的学校权威的最终基础的情况下，“自由大学”使人看不到不存在比理论至上式或极权式教育系统更为有效的自由大学。在这样的系统里，权威的委托客观地表现出来，存在于同样的原则直接建立政治权威、宗教权威和教育权威的事实之中。

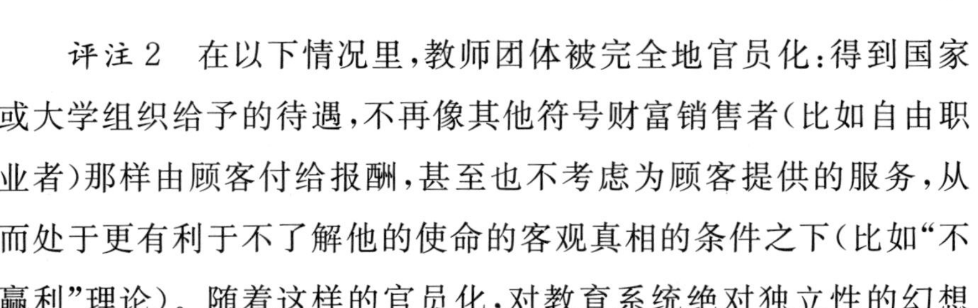

评注 2　在以下情况里，教师团体被完全地官员化：得到国家或大学组织给予的待遇，不再像其他符号财富销售者（比如自由职业者）那样由顾客付给报酬，甚至也不考虑为顾客提供的服务，从而处于更有利于不了解他的使命的客观真相的条件之下（比如“不赢利”理论）。随着这样的官员化，对教育系统绝对独立性的幻想也从未有过的强烈。

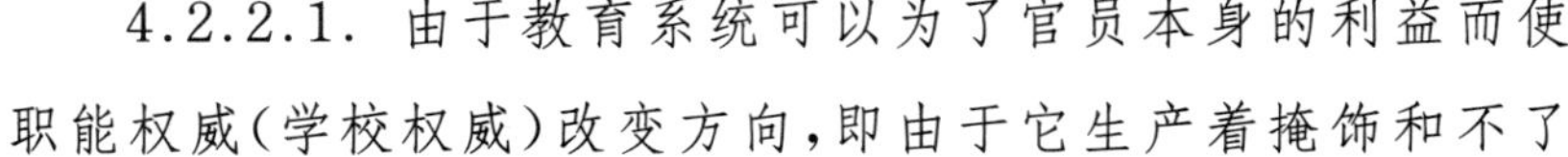

4.2.2.1. 由于教育系统可以为了官员本身的利益而使职能权威（学校权威）改变方向，即由于它生产着掩饰和不了

解学校权威的制度性基础的条件，所以它生产着有利于实施
一种制度化了的教育工作的条件。这是因为，为了制度和它
所服务的集团或阶级的利益，教育系统改变着一种幻想产生
83 的强化作用的方向。这个幻想是，认为学校工作的实施对它
在制度和社会方面的条件有独立性（教师能力神授论的反常
情况）。

评注 由于宗教实践从来没有像教育实践那样作为对世俗财富的操纵而完全地摆脱刻板化，所以教士的能力神授论永远不能像教师的能力神授论那样，完全地依靠墨守成规地打破成规的技术，把这作为与暗含在大纲中的大纲进行的游戏。有一种幻想，相信一种除教师本人之外没有其他基础和根据的权威与信息，而教师则能把委托给他的灌输文化专断的权力当作决定这一专断的权力（比如，被当作教学法的以使用权威论据为基础的有计划的即兴之作，总是流露出教师从中得到权威的那种权威）。教师和学生对这一幻想着迷般的赞同，能比其他东西更好地为制度的权威和制度所服务的文化专断的权威服务。

4.3. 在一个给定的社会构成中，主教育系统可以在实施和接受教育工作的人继续不了解教育工作对形成这一社会构成的权力关系的依赖性的情况下，使主教育工作成为学校工作。这是因为，(1)教育系统通过制度自身的手段，生产并再生产它完成内部灌输功能所必需的条件，这些条件同时亦可满足完成它外部功能的需要，即再生产合法文化并因此而促

进权力关系的再生产;(2)教育系统作为制度存在并继续存在下去,仅这一事实就使它包含了使人不了解它实施的符号暴力的制度性条件。也就是说,教育系统作为相对独立的垄断着符号暴力合法实施的制度而具备的制度性手段,事先就决 84
定了要额外地,因而是在中立性的外衣之下,服务于它为之再生产文化专断的那些集团或阶级(独立造成的依附)。

第二卷

保持秩序

因此，教师这一职业的使命就是保持并加强思想方面的秩序，这一秩序和街上的及各省的秩序同样必要。

——G. 古斯多夫：《为什么要教师？》

第一章　文化资本与教育交流

塞尔邦丹：当我把思想集中到你身上的时候，它在你的思 88
想上得到反映并因此从中发现一些相应的观点和适当的词汇。在那里，它用你似乎听到的词汇表示出来，用你自己的语言和习惯的句子装扮起来。在我对你说话时，很可能你周围的每一个人听到的都是他自己特有的词汇和表达方法。

巴恩斯特普尔：所以，不时地，比如……当你们把理论提高到我们的思想甚至毫不怀疑的高度时，我们什么也听不懂。

——H. G. 韦尔斯[①]：《巴恩斯特普尔先生在耶稣基督那里》

当最初开始研究的时候，我们是想把教育关系作为一种简单 89
的交流关系来对待并衡量它的效益。更确切地说，就是通过分析相对于接受者在社会和学校方面的特性的交流效益的变化，确定教育交流的成功中社会和学校方面的因素。[②] 与人们共同使用的衡量一个教育系统效益的指标相反，教育交流的信息效益可能是

---

① H.G.韦尔斯(Herbert George Wells，1866—1946)，英国记者和作家。——译者

② 在《欧洲教育社会学中心手册》(Cahiers du CSE)1965年第二期(巴黎，慕东出版社)中，布尔迪厄、J.-C. 帕斯隆和M. 德圣马丹发表了《教育关系与交流》(*Rapport pédagogique et communication*)。其中介绍了成为下面分析基础的调查所使用的工具及主要结果。要想掌握不同类型文科大学生理解和应用语言的能力的变化，必须使用不同类型的练习，以同时测量语言能力从最学校化到更"自由化的"各个方面，以及从理解放在一定上下文中的词汇到表示定义所需的最灵活地使用词汇等语言行为的各种程度。

教育工作特有生产力最为可靠的指标之一。当像在文学院那样，它试图把自己压缩为对词汇的使用时尤其如此。灌输行动主要在交流关系中并通过这一关系完成。因此，对此种行动效率变化的分析，便把不同社会阶级出身儿童的学习成绩的不平等作为第一本源。这样，人们可以通过假设提出，除由家庭完成的教育工作以外，其他各种教育工作特有生产力的水平都随下面二者之间的距
90 离大小而变化：一个是它试图灌输的习性（这里指对学者语言的学者式控制），一个是在此之前已经由其他形式的教育工作灌输的、包括最开始由家庭灌输的习性（这里指对母语的实际控制）。

选择面前的不平等与选择的不平等

大学生按社会出身、性别或过去学业的某种特点等标准分成若干属类。如果像人们经常做的那样，不知道这些属类在过去的学习过程中受到过不平等的选择，就无法完全解释这些标准造成的所有变化。[①] 于是，比如一次语言测验的结果，就不仅是由其教

---

① 错误的推理在于无视一系列选择过程给它生产的一群人铸成的特点。如果这一推论不表示自发认识论的一种最深刻的倾向，即现实主义地和静止地表示所分析的属类，如果它不另外再从对多变量分析的下意识使用中得到鼓励和保证，那么它也不会像现在这样流行。对多变量分析的下意识使用，使一个关系系统给定的状态固定不变。我们的分析，以对相对选择作用的系统思考为基础。为了了结它引起的某些异议，可能有必要根据方法论原则的大致要求，指出这一幻想的逻辑范围。应该以方法论使用的典型术语**多变量谬误**（multivariate fallacy）的名义，把这一幻想列入方法论错误的清单。如果说，我们放弃了对这一校内练习的不应有的贪婪，这是因为有一种反对意见接受了方法论壮举的外部标志。尽管这种意见只涉及模仿方式，它还是有助于保证实践与确定方法论愿望的对实践的思考之间的分离。这尤其是因为，社会学提出的任务不比对错误合乎情理的揭露更无成果。这些错误如果在社会学方面的必要性少一些，它们对逻辑性反驳的抵抗能力就弱一些。

育经历、社会出身、性别，甚至同时考虑的所有这些标准所确定的大学生的事，而是一个属类的事。这个属类由此而具有所有这些特点，受到与按其他特点定义的属类程度不同的淘汰。换言之，如果相信直接抓住了各种因素在同步关系中的全部影响，甚至是它们交织在一起的影响，如社会出身或性别，那就是犯了一个以局部 91
代替全局(pars pro toto)性质的错误。当涉及一个由某种经历定义的人群，而且这一经历本身是由这些因素在时间中的连续行动所定义的时候，这些同步关系只有在被重新放回职业生涯过程中才具有它们的全部意义。我们之所以决定在这里采取一种推论式阐述方法，是因为只有这种将归入语言资本和选择程度两个概念的两种关系系统联系起来的理论模式，才能使一个事实系统得见天日。它通过在它们之间建立系统关系，形成了这样的事实。按点证实的方法，把一系列不连贯的局部假设置于不完全的实验之下。下面提出的系统证实方法与按点证实的方法完全相反，有助于比较理论计算的结果和经验测量的发现，把全部揭示能力赋予实验。

为了满足学校在语言方面的无法再压缩的最低要求，中下层阶级的大学生必须在一场文化移入中取得成功。他们进入高等教育时，必须受到更为严格的选择，而选择的标准同样是语言能力。无论是教师会考还是中学毕业会考，考官们往往都被迫降低对知识和技能的要求，以保持形式上的要求。① 在低年级，对语言的理 92

① 正像考官们喜欢说的那样："主要是要写得好。"C. 布格雷 (Célestin Bouglé) 在谈到师范学校入学考试时写道："人们明确认定，考官应当主要评价组织和表达的质量，甚至对于需要一定实际知识的历史考试也是如此。"(《人文科学、社会学、哲学——评法国的普通文化观》(*Humanisme, sociologie, philosophie, Remarque sur la conception française de la culture générale*)，高等师范学校论文，赫尔曼出版社，1938 年，第 21 页）教师会考和中等教育教学能力证书 (C. A. P. E. S.) 考试的报告也充满了同样的说法。

解和使用是教师评价的主要落脚点。在这个阶段，语言资本的影响尤其明显，从未停止发挥作用：尽管有暗含或明确之分，尽管程度不同，但文体总是在大学各个专业的，甚至理科专业的各个年级受到重视。而且，语言不单单是一种交流工具，它除或多或少的词汇之外，还提供一个复杂程度不同的类别系统，以使辨别和掌握诸如逻辑学或美学方面复杂结构的能力在一定程度上取决于家庭传授的语言的复杂性。这样，随着一个阶级与学校语言的距离的增加，它在学校中的死亡率也必然只能增加。但是，也存在另外一方面的情况：在一个作为选择结果的群体中，选择的不平等有助于逐步减少选择面前不平等的影响，有时还会消除这一影响。事实上，只有按社会出身不同进行的有区别的选择，尤其是对下层阶级出身的大学生的过分选择，才可以系统地解释语言能力随社会出身不同而发生的所有变化，尤其是解释一种文化资本的占有（根据父亲的职业判断）与成功程度之间正比关系的消失或颠倒（可在低年级观察到）。

> 越是远离学校直接教授和完全控制的领域，比如由古典戏剧转移到先锋戏剧，或由学校文学转移到爵士音乐，上层阶级出身的大学生的优势就越明显。知道了这一点以后，人们就会明白，在诸如学校使用学校语言这样一种行为中，差异呈最大限度地减小甚至颠倒过来的趋势。实际上，在这方面，经过严格选择的下层阶级的大学生取得的成绩，至少与选择程
> 93 度不如他们严格的上层阶级大学生的成绩相同，而高于和他们一样缺乏语言或文化资本但选择不如他们严格的中产阶级

大学生(表 2)。①

表　1 94

		语言资本	选拔程度		语言能力
下层阶级	巴黎	−	+ +	→	+
	外省	− −	+	→	−
中产阶级	巴黎	−	+	→	0
	外省	− −	0	→	− −
上层阶级	巴黎	+ +	− −	→	0
	外省	+	−	→	0

(用 + 号和 − 号表示的选择的相对严格程度,大致反映了不同属类进大学的机会。亦请参见附录。)

表　2 95

	巴黎			外省			全国		
	下层阶级 %	中产阶级 %	上层阶级 %	下层阶级 %	中产阶级 %	上层阶级 %	下层阶级 %	中产阶级 %	上层阶级 %
12 分以下	9	31	**35**	54	**60**	41	46	**55**	42.5
12 分以上	**91**	69	65	46	40	**59**	54	45	**57.5**

(百分比按列计算,并用粗体字分别标出巴黎、外省和全国平均的最高比例。)

---

①　与继续受到过度选择的下层阶级不同,手工业者和小商人更多地受益于大学招生社会基础的扩大(1939—1959 年,他们在大学生中的比例由 3.8% 上升到 12.5%)。无疑,这是因为生活水平的相对提高,并且与中产阶级对学校态度的变化有关。这些属类出身的学生在文化方面同样处于不利地位,但所受的选择不那么严格。因此,他们在各种练习中成绩最差是不足为奇的:在定义练习中,40.5% 的人分数高于 12 分,而高级职员子弟为 57%,下层阶级大学生为 54%。另外,毕业于国立中学的高级职员子弟的成绩高于其他各类大学生;毕业于市立中学的高级职员子弟的成绩最差。手工业者和小商人的子弟与他们不同,不管曾经就读于公立学校还是私立学校,他们的成绩都最差。

同样，如果说不管属于哪个阶层，巴黎大学生的成绩都高于外省大学生，那么与居住地点相关联的差异在下层阶级出身的大学生中最为明显（取得 12 分[①]以上的大学生，在巴黎和外省分别占 91%和 46%，而在上层阶级中分别为 65%和 59%）。在巴黎，下层阶级出身的大学生成绩最好，其次是中产阶级，然后是上层阶级（表 2）。为了理解所有这些关系，必须既考虑到在巴黎居住与语言和文化优势的关系，又考虑到与在巴黎居住相关的选择程度不能脱离阶级属性而自行确定。这可能是由于大学系统的等级化和集权化所致，或者
96 从更广泛的意义上讲，是权力机器的原因。[②] 如果用相对值（+、0 或 -）表示不同家庭环境传递的语言资本的多少和巴黎及外省大学在入学时对不同社会属类的选择程度，我们看到，只要把这些值综合起来，便可以了解语言测验成绩的优劣（表 1、表 2）。因此，这一模型系统地说明了根据经验掌握的变化。即比如，与出身上层阶级的巴黎大学生(0)及出身下层阶级的外省大学生（-）相比，出身于下层阶级的巴黎大学生的位置为（+），或者中产阶级在巴黎的相对位置为(0)，在外省为（- -），低于下层阶级的大学生。

① 法国学校实行 20 分制，10 分以上为及格，12 分以上为优良。——译者

② 如果不考虑其他有利因素的作用，多变量分析可以使我们看到，在各类学生中，巴黎的成绩总高于外省。实际上，巴黎 79%的过去受过最古典式教育的大学生、67%的过去就读于现代科的大学生、65%的过去学过拉丁文的大学生，在定义练习中的成绩都超过了 12 分，而这三种人在外省只分别占 54%、45.5%和 42%。我们也看到，无论是男生还是女生，无论在哲学专业还是在社会学专业，无论来自国立中学还是来自私立学校，巴黎学生的成绩都高于外省。

根据这一分析，如果进入大学的下层阶级学生的比例明显扩大，那么对这些学生的相对选择程度就可能会越低，从而越来越不能弥补各社会阶级之间语言和文化资本分配不均在学习方面造成的不利。因此，人们将看到学习成绩与社会出身之间的直接关联再次出现。在高等教育阶段，这种关联只能在学校控制最不直接的那些领域被完全地观察到；而在中等教育阶段，它则已经表现在最学校化的结果之中。

同样，要想理解，衡量差异很大的对语言掌握形式的测验为什么表现出男生总是高于女生，就必须不能忘记女大学生的处境系统地不同于男生。也就是说，它表面上不合常理，而且在大学、文 97
学院、某类专业和某类学业过程中的表现各不相同。如果人们知道，女生被迫选学文学的机会是男生的两倍（1962 年，二者分别为 52.8%和 23%）；知道与别的学院向他们敞开大门的男生相反，文学院女生由于这一放逐（relégation）[①]而受到的选择不如同一学院的男生那么严格；就会理解她们的学习成绩为什么不如男生。在这里，解释模型把两类学生的成绩和他们受到的选择程度进行了对比。只要系统地利用这个模型，就可以说明多变量分析没有解释的所有事实，而不必求助于用“性别的天生差异”进行的虚假和反复的解释。

既然女大学生群体的构成在社会出身、专业类型或过去学业等方面与男生不同（比如，36%的男生受过最古典式的教育，而女生仅为 19.5%），而这些特点又都各不相同地与不同的成功程度

① 指女生被迫进入文学院一事。——译者

相联系，我们就可以完全指望多变量分析，通过逐步地不考虑各种变量的作用，即分别研究主变量在一个主群体内部被其他变量划分的不同小群体中的作用，透过性别与学习成绩之间的表面关系，揭示其他的有效关系。既然差距不能归咎于两类学生在古典语言知识、中学时期就读的学校、所学专业或社会出身方面的差异，那么又怎么样才能在不提到先天不平等的情况下解释男生的优势呢？

所以，男女生之间的差异在不同社会出身的大学生中具
有同样的意义，而且它在每类学生中的广泛程度也大体相当
98 （表 5）。不论中学时上过什么学校，这些差异都存在，只是在
市立中学①毕业的学生中间略大些：毕业于市立中学的 62%
的男生和 35%的女生的成绩高于 12 分，而这在国立中学男
女毕业生中的比例分别为 70%和 54%。

只要知道在两种情况下对男女生选择的程度不一样，便可以解释文学院男女生之间经常出现的差距和高中生中这一差距的不存在。在中等教育阶段，男女生比例（sex-ratio）与相关年龄组男女人口的比例非常接近。可以假设，男女生在那里受到基本相同的选择。而文学院则不是这种情况。如果说，表现出思想语言掌握能力（不同专业对此要求很是不同）的女大学生比男大学生少，这首先是因为一些客观机制偏重于把女生引向文学院。在文学院中，又偏重于把她们引向某

① 市立中学（collège）的条件和水平一般都明显低于国立中学（lycée）。1975 年后，二者分别指初中和高中。

些专业（如外语、艺术史或文学）。这些机制的部分效果来自社会为“妇女的”素质所下的定义，它们促进了这些素质的形成。换言之，这些机制有助于使强加女性学业这一定义的外部必要性得以内化。社会关系决定了妇女在一个给定时间的地位，而前途则是这些关系的客观产品。为了使这一前途演化成志向，女生应当而且只需（包括她们周围的人，首先是家庭）下意识地受偏见的引导——由于沙龙文化和大学文化的连续性，这一情况往往在法国尤其强烈和活跃——认为在所谓的妇女素质和“文学性”素质之间存在着一种有择亲和性（affinité élective）[①]。对情感方面难以估量的细微差别的感受能力、对文体方面模糊不清的典雅的兴趣等，就属于这种“文学性”素质。这样，表面上最坚决或最受鼓励的“选择”仍然（尽管是间接地）考虑客观机会系统。这一系统迫使妇女进入需要“女性”倾向的职业（如“社会性”职业），后者事先使她们倾向于即使不是不自觉地要求，也是不自觉地接受的那些
职务或职务的方面，而这些职务或职务的方面则把与“妇女” 99
有关当作职业。

甚至连表面的例外也包括在这个模型的逻辑之中。没学过拉丁文和希腊文或只学过拉丁文的男生的成绩，比受过同样教育的女生要好。但是，在学过希腊文的学生中，女生成绩好，64%的人分数高于中位数，而男生仅有58.5%（表3）。平时男女生之间的区别的颠倒，是由于女生接受这种教育的机

① 原为化学术语，这里指一种有选择功能的亲缘关系。——译者

会比男生少，接受它的人因此受到了比男生更为严格的选择。同样，由于每种关系的意义随它所附着的结构的不同而变化，最古典式的教育（拉丁文和希腊文）并非自动地与成绩好联系在一起：当学过拉丁文和希腊文的女生的成绩高于只学过拉丁文或在现代科受过教育的女生时，男生里的情况却恰恰相反。所有这一切使人想到，这正是有区别的选择在起作用：如果进文学院对学过拉丁文和希腊文的男生和女生来说同样必要，那么受过现代教育的、文学对他们来说是反向导向的男生，则比他们同班的男生受到更为严格的选择。

100 **表 3**

	未学拉丁文、希腊文者		学过拉丁文者		学过拉丁文、希腊文者		全体	
	男%	女%	男%	女%	男%	女%	男%	女%
12 分以下	34	**60**	39	**58.5**	**41.6**	36	38	**54**
12 分以上	**66**	40	**61**	41.5	58.5	**64**	**62**	46

（百分比按列计算并用粗体字标出每类学生中的最高比例。）

这里，如果仍要确定与一种给定的社会出身相关的语言资本和入大学以及入文学院给不同社会阶级及不同性别的人造成的选择程度的相对值，人们就会看到，只要把这些值综合起来，便可解释每个小组在定义练习中取得成绩的优劣（表 4、表 5）。这样，比如从模型中（表 4）可以得出下面的推论：由于和中产阶级的男生
101 一样，该阶级的女生在语言资本方面与下层阶级的男女大学生处于同样不利的地位，但她们在进入高等教育时所受的选择不如后者严格，而且所受选择的程度比文学院中本阶级出身的男生要低，

所以这些女大学生的语言能力应当最低（－ －）。实际上，这类学生在定义练习中也确实成绩最差，只有39.5%的人分数超过了全体学生的中位数。同样，上层阶级的男大学生，与同一出身的女大学生在语言资本和进大学时所受选择的程度方面没有区别。但是，他们因女生大多是被放逐于文学院而在进文学院时受到比女生更为严格的选择，所以成绩应当最好（＋ ＋）。表5印证了这一点，此类学生中67%的人成绩高于全体学生分数的中位数。我们看到，对各个小组来说，理论模型和经验测量为它们排的位置都是重合的。

表　4 102

		语言资本	选择程度			语言能力
			入大学时	入文学院时		
下层阶级	男生	－	＋	＋	→	＋
	女生	－	＋　＋	－　－	→	－
中产阶级	男生	－	0	＋	→	0
	女生	－	0	－	→	－　－
上层阶级	男生	＋　＋	－　－	＋　＋	→	＋　＋
	女生	＋　＋	－　－	－	→	－

（假设一个给定的社会阶级中男女之间语言资本的分配是平等的。用＋号和－号表示的相对选择程度大致反映了入大学的概率和入文学院的条件概率——假设已经进入高等教育，它们体现了不同小组的特点。）

表　5 103

	下层阶级		中产阶级		上层阶级		全体	
	男%	女%	男%	女%	男%	女%	男%	女%
12分以下	35.5	**53.5**	43	**60.5**	33	**47**	38	**54**
12分以上	**64.5**	46.5	**57**	39.5	**67**	53	**62**	46

这种理论模型还可以使人懂得，在高等教育阶段，既最经常又

最有力的关系，是把语言能力水平与过去学业特点联系起来的那些关系。社会出身主要通过最初的导向（六年级[1]的学校或班）预先决定人们的学习前途，即由此而产生的一系列的学业选择及成功或失败的不同机会。由此可以得出：第一，幸存者的结构不断地
104 随支配淘汰的标准变化，其结果是逐步弱化了社会出身与语言能力（或其他学习成功的指标）之间的直接关系；第二，在学习过程的每一点上，仍留在系统中的同一社会阶级的人，越是属于一个受到更严格淘汰的阶级，人们越是在学习过程的更高水平上进行同步切割，这些人就越少地表现出曾对淘汰本属类其他人起作用的学习过程的特点。[2] 我们知道，在高等教育阶段，对一些大学生进行的语言能力测量，只有在成绩与学校特点之间的关系只是开始就与一个给定的社会处境相联的机会在纯学校逻辑中的转译的情况下，才能解释社会出身与学校成绩之间的关系。事实上，人们只能在与学校检查的传统技术最为接近的练习中，发现诸如社会出身或性别等变量与语言测验成绩之间有意义的关系。在这个时候，学习过程的特点（如中学所选方向）或过去成绩的指标（如过去考试的分数）与语言测验成绩高低的联系，比其他所有标准和这一成绩的联系都更为密切，而不管是哪一类练习。

---

[1] 法国中学年级倒数，六年级即中学第一年。——译者

[2] 与被淘汰或在系统中幸存相关的特点，不是在同一阶级的所有人中间偶然地分布，而是本身就可以与在一个阶级内部划分集团的那些社会和文化标准相关联。比如，很多第二位的特点（社会方面有母亲受教育的程度和祖父的职业，学校方面有中学所选方向等等），使大学生中的工人子弟不同于属于同一社会阶级和同一年龄组的人。更确切些说，他们达到的学习层次越高，或在同一学习层次上他们在本专业或本学校里名次越好，他们所表现出来的这些有补偿作用的特点就越多。根据这一逻辑，人们懂得，在同一成功水平上，女生总比同一社会出身的男生表现出更多的此类补偿性特点。

在不像“人文科学”辩护士那样赋予古典语言学习以神奇效能的情况下，要想说明中学学业方向与语言运用能力之间 105
业已发现的关系，只需指出，这一关系掩盖了区分性选择与这一选择的社会和学校因素之间关系的整个系统。因此，鉴于目前主导不同专业招生的机制，选择希腊文（在六年级已经学过拉丁文的情况下）便成了那些最符合学校要求的学生的事。他们或者从已经受到过分选择的下层阶级为数不多的代表中招收（大学招收的是国立中学毕业生，国立中学招收的是学过拉丁文的人），或者从富有家庭子弟中招收。这些子弟把自己的文化资本投入到那些最能保证他们得到最高和最持久的学习效益的专业之中，从而决定性地巩固了自己的优势。

还有其他理由，可以使人对教育方面的保守主义赋予传统培养的力量产生怀疑。比如，如何解释，与受现代教育相比，仅有拉丁文知识似乎不能使人占有任何优势；而不管在哪种练习中，又只有传统教育（拉丁文和希腊文）与最好的成绩相联系？实际上，设计得最好的测量拉丁文学习能发展的从事头脑体操能力的练习，揭示不出学过拉丁文的人和其他人之间的任何有意义的差异。[①] 如果说，学过拉丁文和希腊文的大学生语言方面的自如比较突出，那是因为，他们在自我选择（或被人选择）时参照的形象是中等教育不同分科的等级：最高是古典科，他们必须在中学最初几年里证明自己成绩突出，才能要

① 拉丁文和希腊文知识本身不能给人以学习优势的另一个证明是，来自国立中学的大学生中既学过拉丁文又学过希腊文的人少于从私立学校毕业者（分别为25.8%和31.1%），但他们在测验中得到的分数要高于后者。既没学过拉丁文又没学过希腊文的国立中学毕业生在测验中的成绩，也高于学过这两种语言的私立学校毕业生。

求进入教育系统为精英们保留的一个科，而最有能力使这些好
106 学生成为最好的学生的那些教师也集中在这些科里。[①] 既然学过拉丁文和希腊文的大学生在测验的各种题目中的成功率最高，既然这一比例本身与过去学业的成功率非常有关系，既然来自中学古典科的大学生在过去考试中的成功率最高，我们就可以得出下面的结论：中学古典科根据修辞是否自如，也是为了修辞自如来选择学生；来自这些班级的大学生，与标准的理想大学生的差距最小；教师通过语言程度假设了这样一种理想学生，考试要求有这样一种学生并通过这一要求使之存在。

如果与社会出身相联的不利确实主要被学校的方向指导所接替——包括它们蕴涵的对不同属类大学生进行的程度不同的选择，我们就能理解为什么高级职员子弟在毕业于现代科的大学生组中占优势，而出身下层阶级的大学生在学过拉丁文的学生组中占优势。这是因为，后者学习拉丁文对他们的家庭来说是一个例外。这一方向对他们出身的阶级来说可能性很小，他们为了进入这一方向并且坚持下去，就必须表现出特殊的素质（表 6）。[②] 另外，前面提到的模型可以克服的最后一个困难是，在以受过最古典式的教育为特色的学生组中，下层阶级出身的大学生的成绩低于上层阶级的大学生（成绩

---

① 不久以前，古典科的地位还高到如此的程度，即几乎不可能谈论方向指导。因为，在学习过程中不同关口上的一系列选择几乎是自动决定的，即来自按一种唯一的和毋庸置疑的价值等级来衡量的成功程度。进入现代科，被所有的人，包括有关人员自己，看成是一种放逐和地位的下降。

② 不管他们中学受过何种教育，中产阶级大学生的成绩通常总是最差（在各种情况下，半数以上的人成绩都低于 12 分）。

好者分别占61.5%和73.5%)。实际上,在这个小组中,尽管他们受到的过分选择的程度比学过拉丁文的那一组还要高(他们的差距在成绩方面有反映,成绩好者分别占61.5%和52%),出身于下层阶级的大学生面对的还是从他们的语言和文化资本中得到好处最多的富裕家庭的大学生。

表 6 107

	未学过拉丁文、希腊文			学过拉丁文			学过拉丁文、希腊文			全体		
	下层阶级%	中产阶级%	上层阶级%	下层阶级%	中产阶级%	上层阶级%	下层阶级%	中产阶级%	上层阶级%	下层阶级%	中产阶级%	上层阶级%
12分以下	52	**54**	39	48	**58**	52	38.5	**55**	26.5	46	**55**	42.5
12分以上	48	46	**61**	**52**	42	48	61.5	45	73.5	54	45	**57.5**

学习一种专业的人是一系列选择的产品,这些选择的严格程 108
度随下面二者的关系变化:决定不同学习途径的社会因素,在一个给定教育系统的一个给定时间内可能客观存在的不同类型学业的系统。同样,只有在不知道上述情况的条件下,不同专业中存在的变化极大的语言能力水平才可以把一种内在的和不可逆转的效力,赋予这种或那种智力培养,或者赋予从中受益的人。有的人试图把大学校预备班①的学生对大学预科学生②或是哲学专业学生

① 大学校为法国特有的高等教育机构,地位和水平一般高于大学,有专门预备班帮助高中毕业生准备难度很大的入学考试。——译者

② 即学生高中毕业后进入大学的第一年。——译者

对社会学专业学生的优势，归结为教育本身或是接受教育的人的某种能力。对这些人来说，只需要指出，在文科教育的传统系统中受到高度评价的哲学专业，高级职员子弟的成绩明显高于其他各类学生；但他们在社会学专业里的情况却相反，成绩最差。社会学专业事先就被确定，应当对特权大学生中学习最差的人起到神奇的避难所的作用。因此，他们在这里受到的选择的程度比其他出身的同学要低。我们看到，只需指出这样一点，便可说明专业、社会出身与学习成绩之间的全部关系（表 7）：一种诸如社会学的专业所特有的相对低的（这里是与哲学专业相比）选择性，可以保证它以最小的学习代价换取在知识界的重要地位，从而在教育系统中占有一个不合常理的位置。越是在处于有利地位的阶级中，这一情况就越突出。[①]

109

表　7

	哲学专业			社会学专业			自由学士[②]			全体		
	下层阶级 %	中产阶级 %	上层阶级 %	下层阶级 %	中产阶级 %	上层阶级 %	下层阶级 %	中产阶级 %	上层阶级 %	下层阶级 %	中产阶级 %	上层阶级 %
12 分以下	25.5	**34.5**	20	33.5	46	**53**	60	**66**	51	46	**55**	42.5
12 分以上	74.5	65.5	**80**	**66.5**	54	47	40	34	**49**	54	45	**57.5**

① 如果所受的知识教育和政治实践之间的联系，尤其对知识分子和教师来说，不力图作为最好的解释性关系立即出现，那么社会学家在解释不同专业大学生政治态度的变化时涉及的“理论”，对所学专业所掩盖的历时性和同时性关系系统无知的情况就可能会少一些。知识分子和教师非常有兴趣相信并使人相信思想的巨大力量。只有很少的大学生运动分析家——这些人曾经是社会学家，往往是社会学教授——把社会学专业大学生的“革命”态度归因于社会学教学的功效或魔法。

② 不必按时听课（如通过论文、考试等）便可得到的学位。——译者

如果说，观察到的所有变化可以用一种唯一的原则加以解释，110
这一原则根据它在其中并通过它们得以贯彻的那些关系的完整系统的结构的不同而产生不同效果，这是因为这些变化根本不表示一些局部性关系的总和，而是表示一种结构，关系的完整系统在其中指挥着每个关系的方向。这样，至少在这种情况下，如果建立结构的过程不能为按标准划分的合乎逻辑的阶段恢复它们社会集团的全部存在，多变量分析就会面临导致疑难或使抽象关系物化的危险。上述社会集团是由连接它们的全部关系，由它们与自己的过去及由此而与它们当前状况保持的所有关系来定义的。

变化应当被理解为一个结构的成分和一个过程的时时刻刻。只有在避免把变化作为重大的和可以隔绝的特性来对待的时候，人们才可以摆脱虚构的解释。这些解释不包括别的东西，只有它们声称要解释的那些关系本身（用不同性别之间天生能力的不同分配来解释，或者用对一种学业的固有能力来解释——有的人在拉丁文方面有能力，有的人在社会学方面有能力）。这里，一种双重关系成为必要。这是因为，一方面，根据社会阶级的不同进行不同淘汰的学习过程（在每一时刻，它都导致在不同属类的幸存者之间进行固定的能力分配）是各种因素持续作用的产物，这些因素决定着不同阶级对学校系统的立场，即文化资本和阶级精神气质；另一方面，在学习过程的每个阶段，这些因素把自己变成中继性因素的特殊总和，它对每个有关属类（社会阶级或性别）都表现出一种不同的结构（见折页上的图 1）。因素系统对行为、态度并因此对 111
成功和淘汰施加着与一种结构性因果关系无法分离的作用，以使人不会违背逻辑地把某一种因素的影响孤立起来，进而认为它对整个过程的不同时刻或在不同的因素结构中产生一种一致的和单

一的影响。因此，要想系统了解一些因素的特殊总和的系统作用在某一点上观察到的或测量到的影响，就应当建立所有因素可能有的不同组织的理论模型。这些因素能对不同属类儿童学习过程的不同时刻发挥作用，哪怕是利用它们的不存在。比如，要想理解一个给定班级不同性别和出身的学生在一个给定学科的中学毕业会考的成绩分布，或者再宽泛一些，要想抓住语言资本或精神气质等因素在一个给定年级的学习过程中作用和特殊形式，就应当把每种因素带回到它成为其组成部分的系统之中，后者成为与社会出身有关的初始决定因素在这一时刻的转译和替代。由于与阶级出身相联的约束只能通过因素的特殊系统发挥作用，它们又在这些系统中根据每次不同的结构而现实化，所以应当防止把社会出身和与之密切相联的初始教育及初始经验当作这样一种因素——它能在人生的每一时刻直接决定实践、态度和观点。这样，当人们通过把结构的某种状态（即在某一时刻作用于实践的因素的某种总和）与它们变化的完整系统分开（即与学习生涯**起源**的既成形式分开），从而使这一状态独立时，就是不让自己从所有这些转译和结构调整的本源中发现那些来自出身和社会属性的特点。

112 之所以需要明确警惕这样一种割裂，是因为社会学用来建立和测量关系的技术暗含地包括了一种既具有分析性又具有瞬时性的哲学。通过一种同时性切割，多变量分析赋予自己一种由点式平衡确定的关系系统，因素分析排除了与它所处理的全部同时性关系的生成有关的各种参数。由于看不到上面这一点或那一点，人们就有可能忘记，与具有严格逻辑性的结构不同，社会学所面临的结构是经过加工的产品。这些加工在时间中进行，只有通过一种逻辑抽象，它们才会被视为不可逆转。这在社会－逻辑学方面

是荒谬的，因为它们表示了一种不可逆转的过程在病因学顺序方面的一连串状态。要想理解不同阶级儿童在不同学习前景方面的不同概率，理解处于一种对本属类来说或多或少是可能的境地对一个给定属类的人意味着什么（比如，对一个工人子弟而言，学习拉丁文的可能性很小，而为了继续高等学校的学业去打工的可能性很大），就必须考虑确定他们初始境地的全部社会方面的特点。所以，不能把定义处于其职业生涯某一点上的一个人或一个属类的特点中的任意一个，作为解释所有这些特点的最终本源。比如，当涉及解释高等教育阶段学习成绩与从事一种有报酬活动之间关系的时候，我们可以承认，这种活动在不同社会阶级中出现的经常程度不同，可它却对任何一种社会属类都产生同样不利的影响。但是，我们无权得出结论，认为在学习过程的这一阶段，社会出身已不再施展它的全部影响。因为，在社会学方面，人们既不能轻易地以不同属类大学生中校外劳动的不同概率为解释的出发点，也
不能轻易地以在必须劳动的大学生中发现不同阶层大学生的概率 113
为解释的出发点。更不必说，我们不能以这些标准中任意一条所定义的境地的经验作为重建的出发点，来重新组织与由几条标准交叉定义的境地相关的不同经验（比如农民子弟进了一个研讨班[①]而不是师范学校，或者成为哲学教授而不是地理专家的经验）。只有通过在逻辑上可以转换的标准的相互交叉，所做的分析才能区别各种经验并指出它们的特点。只有在人们把这些标准从阶级的初始境地，即由此展开各种可能的看法、任何一种看法对它

① 研讨班（séminaire），法国培养高年级大学生，特别是研究生的主要形式。——译者

又是不可能的境地出发，加以重建的情况下，经验才可以纳入一个系统的人生经历的统一性之中。

从系统的逻辑到系统变化的逻辑

过去，为了建立职业生涯和人生经历的历时性模型，必须超越对一些关系的纯同时性利用。这些关系在学习过程的一个给定层次上，建立于不同集团的社会或学业特点和他们的成功程度。同样，现在为了摆脱对教育系统的严格的功能主义分析所固有的幻想，就应当把调查抓住的系统的现状放回到它的变化的历史当中。这里提出的对教育信息不同接受情况的分析，可以解释受教育者的变化对教育交流的影响，可以通过推论，得出适合传统制度两种极端状态的教育对象的社会特点：一种我们可称之为**有机**状态，系统在那里面对的是与它的暗含要求完全一致的对象；一种我们可
114 称之为**危机**状态，由于教育对象社会构成的变化，隔阂在那里最后变得无法容忍。我们观察的时期处于一种中间阶段。

如果一方面了解了不同属类的接受者在社会及学校方面的特点与语言能力的不同水平之间的关系，一方面了解了按不同接受水平划分的属类所占比重的演变，我们就可以建立一个模型，解释并在一定程度上预测教育关系的变化。我们立即看到，联系学校系统和阶级关系结构的关系系统的变化——可由比如不同社会阶级入学率的演变所表示的变化，导致了接受水平和接受者属类之间关系系统的变化（符合支配这一系统的那些原则），即被视为交流系统的教育系统的变化。因此，一个给定属类的接受者特有的接受能力，既随这一属类具有的**语言资本**（可假设它在相关阶段内

保持不变）变化，又随这一属类的幸存者所接受的**选择程度**变化，该属类学习过程中的淘汰率客观地测定了这一程度。因此，对各类接受者的比重在时间中的变化的分析，可以揭示并从社会学角度解释下面这种趋势：在接受者语言能力的分配进一步**分散**的同时，这一分配的**样态**持续降低。在相关方面处于最有利地位的属类的淘汰率如此之低，致使在接受水平的分散程度增加的同时，这些属类的样态呈持续下降的趋势。于是，在这个时候，由于各社会阶级入学率提高，过度选择对语言遗产最少的属类接受水平的修正作用越来 115
越小（正如我们已经在中产阶级出身的大学生身上所看到的那样）。

具体讲，必须一方面关注把不同属类大学生的能力或态度与他们在社会和学校方面的特点联系起来的关系系统，一方面考虑像入大学的概率和入不同学院的条件概率的统计所客观反映的那种学校与社会阶级关系系统的变化。只有在这样的条件下，才能理解教育系统今天所面临的危机的纯教育方面，即影响它作为交流系统而存在的无规则和不协调。从 1961—1962 学年到 1965—1966 学年，高等教育得到迅速发展，这往往归结为招生的民主化。在这个阶段里，不同社会阶级学习机会的分布结构确实向上移动，但基本上没有改变原来面貌（见图 2 及附录）。换言之，不同社会阶级 18—20 岁年龄组入学率提高的比例，明显与过去机会分布的比例相同。[①] 只要注意下面事实，就能说明并理解与结构的这种转移相关的能力和态度分布的变化。比如，1961—1962 学年，工

① 学习机会的这种变化，把各社会阶级入学率的提高和它们之间差距结构的稳定结合起来。这在欧洲大部分国家（丹麦、英国、荷兰、瑞典），甚至在美国都可以见到（见经济合作及发展组织，《中等教育——发展与趋势》（*L'enseignement secondaire, évolution et tendences*），巴黎，1969 年，第 86—87 页）。

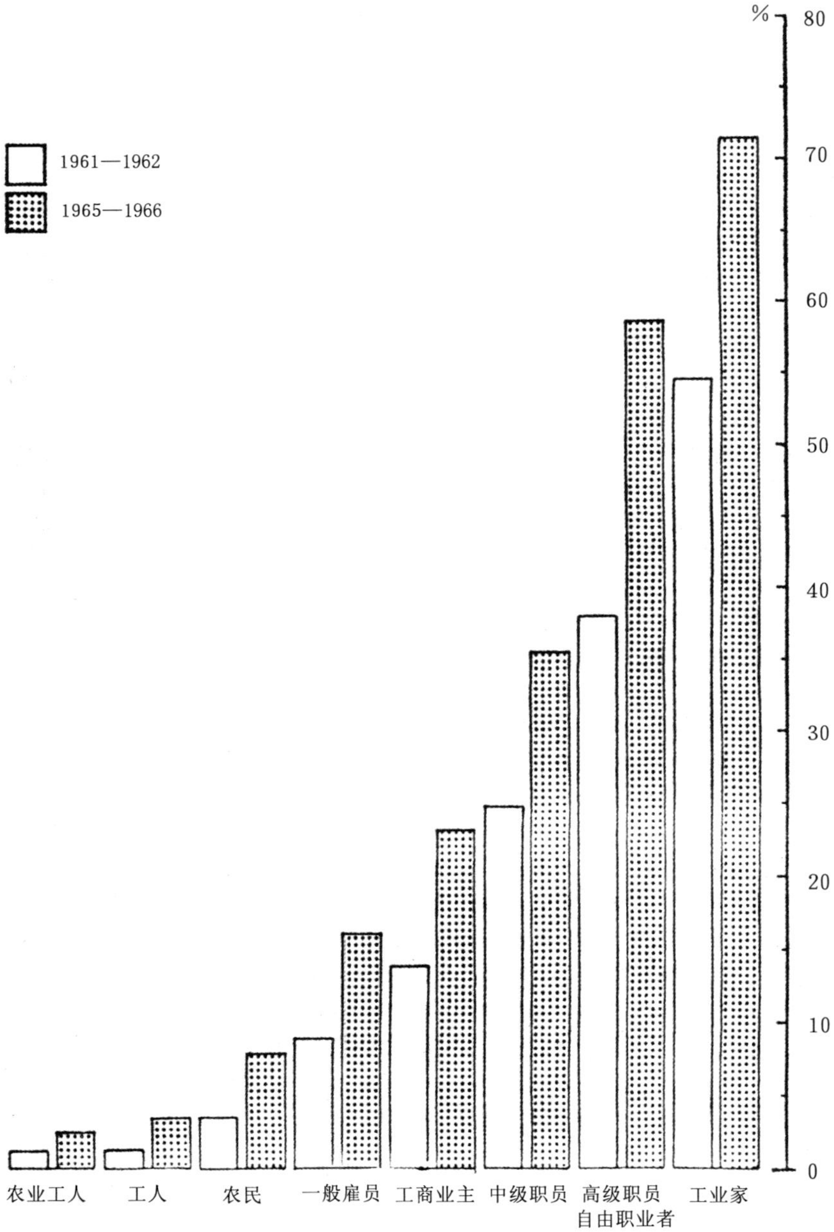

1961—1962
1965—1966

%
80
70
60
50
40
30
20
10
0

农业工人 工人 农民 一般雇员 工商业主 中级职员 高级职员自由职业者 工业家

图 2　1961—1962 学年到 1965—1966 学年不同社会出身的学习机会的变化(接受高等教育的概率)

业家子弟进大学的机会是 52.8%，1965—1966 学年为 74%，他们在预备班和大学校里的比例还要大。这样，对这一属类来说，接受高等教育的机会大约为 80%。[1] 如果把从对同时性关系的分析中 117
得出的原则应用于这一过程，我们就会看到，随着这一属类朝着几乎 100%的入学率发展，它可能得到与一个属类的不足选择相关的全部特点，尤其是在能力和态度方面。

从更广泛的意义上讲，对一个给定的属类来说，把语言及文化资本（或者作为它们在学习过程的一个给定时刻的转化形式的学校资本）与相对选择的程度——这一程度与该属类在一个给定学习类型的一个给定层次的给定比例有关——联系起来，就能说明在教育系统历史的每一时刻，各学院之间，一个学院内部的各专业之间，在语言或文化隔阂的程度和类型方面表现出来的差异。只有考虑到专业地位等级主导表象和它们的对象在社会及学校方面的特点之间循环关系的系统（这些关系自身由不同专业地位的价值和不同属类走不同道路的概率之间的关系决定），人们才能把社会学方面的真正含义赋予各专业已经减少了的价值。这些专业，比如理学院的化学或自然科学、文学院的地理学，接受的下层阶级学生和中学现代科或二流中学的学生的比例最大。总之，它们是下层阶级出身的大学生最有可能选择的方向。这个模型还可以说明一个专业表面反常的局面。比如社会学，尽管学校方面的特点使它与文学院最受贬低的专业相接近，但它的对象在社会方面的 122
特点却又使它有别于那些专业（见图 3）。在巴黎，社会学专业接

① 在下文中（第三章）我们将描述延迟淘汰的机制。尽管下层阶级在中等教育阶段的入学率提高，这些机制还是力图使高等教育阶段各阶级之间的差异永久化。

118 不管人们采取什么样的社会或学校标准，社会学总是处于一种古怪的地位。每一个专业，或者从更广泛的意义上讲，每一种教育机构，都可以通过它在学校等级系统中的地位（和教师的大学资格一样，有关人员过去学习的成功率或标准年龄成为这个地位的一个指标）和它在一个社会等级系统中的地位（和出路的社会价值一样，有关人员的社会属性或女性化程度成为这个地位的一个指标）来表示。我们看到，那些在两个等级系统中**地位指标具体化**程度高的专业很容易形成等级。比如文学院，最神圣的是古典文学等专业，那里特权阶级出身、过去学习成绩好的学生比例高；地理学等专业两个方面的指标都低，表现出它们处在不利地位。这样，这里提出的模型便可以反映所有有关专业的特点，因为学校标准和社会标准足以把未具体化的专业与具体化的专业区分开，同时在后者内部建立等级。要想看到在社会和学校两个方面占有相同地位的专业，比如社会学与艺术史、地理与西班牙语或者哲学与德语，各自具有独特的外形，被社会学方面的明显区别所分隔（英语和心理学除外），只需援引最后一个标准——**男女生比例**。所以，可以在男女劳动分工中找到这些专业之间相同的对立本源，它使妇女投身于那些社会关系性工作（外语）或上流社会的职业（艺术史）。

为了理解整个现象，必须把专业系统（从更广泛的意义上讲是教育系统）看作这样一种场所。在那里，有一种与学习成功程度成反比的离心力和一种与一个人（或者更确切说是一个属类的人）能对失败和淘汰表现出来的惰性成正比的向心力在起作用。后者随在社会方面被确定的适合其性别和阶级的抱负而变化，也就是随其性别所特有的方式及其阶级精神气质变化。

图 3　专业的系统

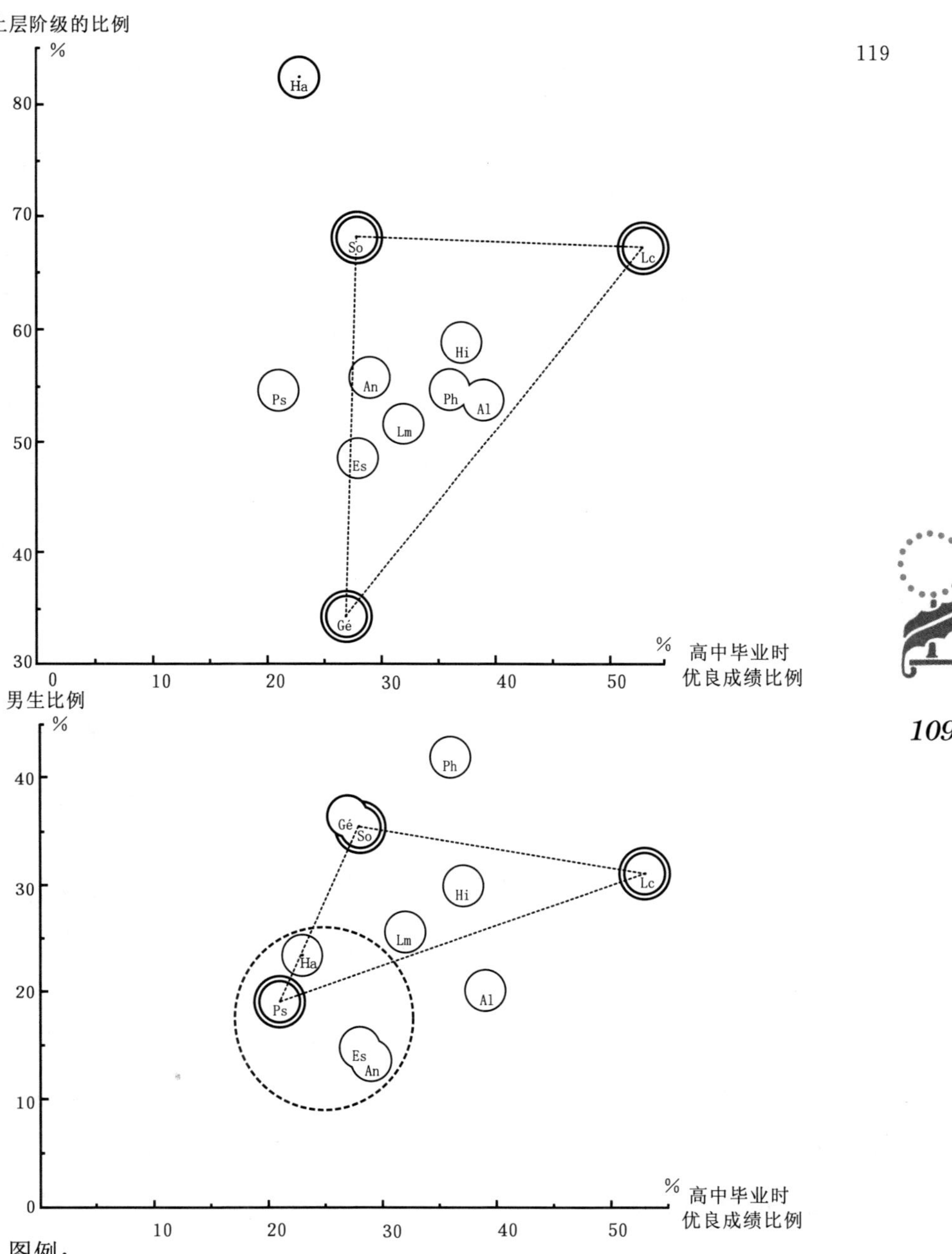

图例：

Lm：现代文学　Ps：心理学　Al：德语　Hi：历史　Ph：哲学　Ha：艺术史
Lc：古典文学　So：社会学　An：英语　Gé：地理　Es：西班牙语

120 **表 8 在两个等级系统(社会和学校)中具体化的专业**

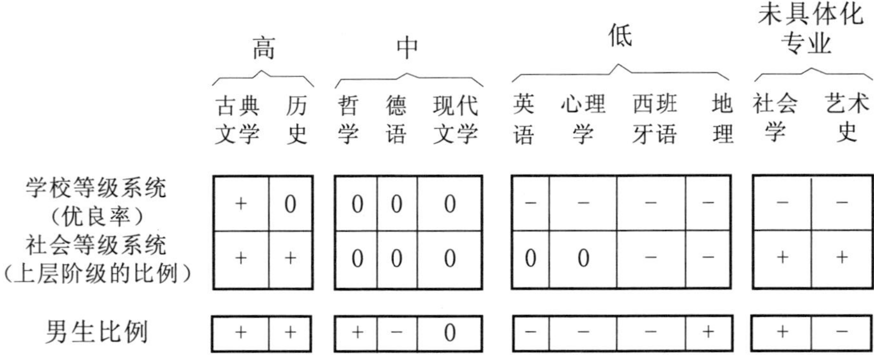

	高		中			低				未具体化专业	
	古典文学	历史	哲学	德语	现代文学	英语	心理学	西班牙语	地理	社会学	艺术史
学校等级系统(优良率)	+	0	0	0	0	−	−	−	−	−	−
社会等级系统(上层阶级的比例)	+	+	0	0	0	0	0	−	−	+	+
男生比例	+	+	+	−	0	−	−	−	+	+	−

为了把每个专业都分别列入这里划分的三个等级，我们采取了以下标准：(1)高中毕业会考优良率20%—30%为 -，30%—40%为0，40%以上为 +；(2)上层阶级大学生的比例占35%—50%为 -，50%—60%为0，60%以上为 +；(3)男生比例15%—25%为 -，25%—30%为0，30%以上为 +。

121 **表 9**

优良率	53	37	36	39	32	29	21	28	27	28	23
上层阶级比例	67	60	55	54	52	56	55	49	35	68	82
男生比例	32	31	41	22	27	16	17	17	37	38	25

统计参考值(%)

受的出身于上层阶级的大学生比例最高(为68%，而文科各专业平均仅为55%)。从按过去学习成绩测量的学校方面的要求来讲，现代文学或地理学等专业与社会学很接近，但它们却接受了比例最高的下层或中产阶级出身的大学生(分别为48%和65%，各专业平均为45%)。这是因为，选择不足的上层阶级的大学生可以在一个专业里找到他们的阶级野心的替代物，这种专业同时为他们提供避难的方便和时髦的声望。它与教育学士学位不同，不会把一种职业的平庸形象与学习计划对立起来。[①]

但是，如果不另外把与传播者社会和学校方面的特点相联的传播水平的变化，即把教师队伍迅速发展的影响和教育信息经历的变化这两个方面，加入到教育关系变化的模型之中，就无法全面了解传播者和接受者之间语言配合水平的变化。教育信息的变化 123
是随着诸如心理学或社会学等学科的出现发生的，它暴露了科学论述的要求和维持与语言传统关系的规则之间的分离或强行结合。入学率的普遍提高和战后年代出生率的提高在 1965 年以后结合起来，造成了学生人数的骤然增加。为了无论如何也先为这些人配备他们必需的教师，有必要在人数不多和受教育不多的年龄组里仓促招聘。这就只能有助于把教育系统过去为其他使命培养的教师系统地往上拔。在这样的条件下，乍看起来，人们可以认为接受水平的降低在传播水平的降低中找到了一种自动矫正的办法。因为，在职称系列中达到较高地位的概率从未停止以与大学认可相同的程度增加。这一切导致了一种倾向：按传统标准招聘的教师从与语言隔阂进行的双重游戏中去找办法，回避他们对象

① 虽说语言测验（其中，“社会学家”的成绩普遍低于“哲学家”）并不足以证明，至少在巴黎，社会学为出身于上层阶级的大学生最方便形式的浅尝辄止提供了选择余地，但统计数据将使人承认这个专业在文学院里的反常地位。在所要求的学校资本方面，社会学与哲学专业的差别有如现代文学与古典文学，但它的学生的社会出身却高于哲学专业（出身于上层阶级的大学生分别占 68%和 55%）；另一方面，古典文学专业学生的社会出身则比现代文学专业的学生要高，现代文学和地理学成为中学现代科毕业的下层阶级出身的大学生可能性最大的去处（分别为 67%和 52%）。

的数量和质量变化提出来的教育问题。实际上，除此之外，新招聘的教师对表明自己有资格被“快速提升”又着急又不安，他们可能更倾向于采用非传统的信号，而不是付出必要的努力，根据对象的实际能力来调整教学。如果参照人群是最有权威“威严地”讲话的教师，如果称呼、地位的微妙信号以及权力层次这些方面极细的等级系统总是被屡屡提起，那么在这种机构中，那些最经常、最直接面对学生要求的助教和讲师要想从技术上满足这一要求，就必须冒更大的风险。所以，他们抛弃与语言的传统关系的企图尤其表现为“初
124 级的”。因为，系统的全部逻辑在于使这些企图作为一种无能的信号出现，即这些人没有能力使自己符合他们的角色的合法定义。

于是，对教育关系变化的分析便进一步证明，教育系统的所有变化，根据一个该系统特有的结构和功能在其中仍得以表现的逻辑进行。标志着大学危机达到尖锐阶段的那些行为和言论令人不安地增加，不应该使任何角色或创造者的行动导致对突发事件抱有幻想。在采取的表面最为自由的立场中，仍表现出因素系统的结构作用，这个系统说明了一个由它在教育系统中的地位所定义的属类——学生或教师——的阶级决定因素的特点。如果反过来追求立即可见的因素直接的和机械的效能——比如大学生数量的急剧增加，那就是忘记了这样一点：向学校系统提出了它的逻辑所陌生的问题的那些经济、人口或政治事件，只能根据学校系统的逻辑对它施加影响。① 学校系统在这些事件的影响下，打破原有结

① 可以用形态学方面决定因素的机械性作用解释危机。但是，只有当它能使自发社会学的引喻模式重新具有活力的时候，才可以被如此经常地使用。比如，认为一个制度与它的对象之间的关系是一种容器与内容的关系，认为“群众的压力”能“动摇结构”，尤其是那些“被虫蛀坏的”结构，便属于这种模式。

构或者重新进行结构。同时,它也使这些事件得以转化,把一种特有的形式和重要性赋予它们的效能。发生危机的形势是一个机会,可以辨别传统系统的隐藏性先决条件及使其具有在运行前提不再被完全满足的情况下得以永续的机制。“先定和谐”对学校系统的支持是如此之强,以至排除了对它的基础的所有疑问。实际上,正是在学校系统与它的选择对象之间的完美配合开始破裂的时候,上述和谐才显现出来。学校能淘汰那些不能满足它暗含要求的人,能从另外方面得到它所必需的合作。这一时间有多长,缠 125
绕教育交流的隔阂就会在多长时间内被容忍。教育信息和接受者对它的辨别能力之间保持一种最起码的一致的时间有多长,一种教育制度能完成它的灌输功能的时间就有多长。对这种制度而言,应当通过它的纯教育作用来理解对象的增加和组织的规模,以在上述平衡的破坏造成危机时发现,传播的内容与传播的制度化方式客观上适应一种对象,这种对象被社会招聘情况所定义的程度至少和他们较小的规模所产生的作用相同。一种建立在传统教育思想上的教育系统,以具有语言和文化资本,及使之产生效果的能力为前提,并在既无专门要求也不一步步传授的情况下使之神圣化。它在多长时间内以具有上述资本的大学生为对象,在多长时间内使这一资本神圣化,就能在多长时间内完成它的灌输功能。随之而来的是,对这样一种系统来说,真正的检验主要不是看它对象的数量,而是看这些人的社会质量。[①] 如果学校系统辜负了一

① 如果说,为了掌握传统教育关系特有的逻辑并由此控制它的不规律,应当把教育系统当作交流系统对待的话,那么就应当避免把一种权力赋予以教育系统技术性运行逐步独立化为代价建立起来的模型,使它不能解释系统危机的全部社会现象,尤其是不能解释影响它再生产社会阶级之间关系结构的一切。

些属类的意外和不合时宜的期望，这些属类的大学生不再为制度带来满足其要求的条件，那么学校系统便暴露出它曾经暗地里要求一种能够从制度中得到满足的对象，因为它一下子便满足了他们的要求。除了那些不需要它服务的人以外，可能巴黎大学从来
126 没有使人完全满意过。黄金时代的师范生[①]就是如此，当他们漂亮地拒绝接受巴黎大学发给他们的奖状时，仍然服从于它的秘密法律。教师不给学生以能力，当他们面对根据接受能力而被理想地定义的对象时，他们只是在不自觉地表现一个系统的客观真相。在它的黄金时代，这一系统能使自己得到定做的合格对象；在不平衡扩大的时期，这一系统还向教师提供技术和思想手段，使他们对实际对象和被推定对象之间日益扩大的距离视而不见。当教师骄傲地宣布，他们需要其接受能力按 J 形曲线分布对象，即绝大多数人符合传播者最高要求的时候，他们便暴露出对传统教育的教学天堂的怀念。那时候，他们曾经可以不考虑任何教育信仰。[②]

拒绝承认对象的增加能产生一种机械性的和直接的，即独立

---

① 高等师范的学生在巴黎大学选修学分课程，黄金时代一般指 19 世纪末到第二次世界大战前。——译者

② 从考虑能力分布结构的变化开始，人们便不能再回避教育关系最佳化问题。一类能力以钟形曲线分布的对象，根据在时间过程中对它产生影响的变化，要求不同类型的教育选择，而前述变化表现在样态的移动或分散程度的变化之中。样态的降低只要求传播者降低他的传播水平，而不管是有控制地增加多余内容，还是逐步地努力通过定义或举例在信息中全面提供它的编码。相反，超过一定界限之后，能力分散程度的增加会提出一些只能由对传播水平采取的行动来解决的问题。某些理科专业的情况就证明了这一点：接受水平方面不断加强的分散程度不能像在文学院里那样，可以轻易地用隔阂中的谅解来掩盖。

于学校系统结构的作用，并非赋予这一系统某种绝对独立的特权，使它只会遇到它的运行和变化的逻辑所产生的问题。换言之，由
于学校系统的转译能力（与它的相对独立性有关），它只能以教育 127
中的困难的形式，感受形态性变化的影响及其包含的所有社会性变化。即使是它禁止工作人员用纯教育术语向他们自己提出它客观面临的教育问题，情况也是如此。实际上，正是社会学分析，通过把教育关系作为交流关系来处理，使学生人数增加造成的突然性困难成为纯教育问题。而交流关系的形式和效益，则随由社会条件制约的传播水平和接受水平之间的协调程度变化。于是，在教育系统的暗含性要求与它的对象的实际这二者之间的差距中，便显现出传统教育学作为非教育学的保存功能和教育系统可以客观要求的外显教育学的原则。这并不需要后者自动地强加到教师的实践之中，因为他们的实践表现了这个教育系统的矛盾并且与系统的基本原则相抵触。[①]

这样，对观察到的关系进行的经验性解释表面上符合实际，坚 128
持表面对象，即一个在不考虑它与被淘汰者关系的情况下被定义

① 作为一种对学校系统分析的产物，此种教学法因学校系统自身的演变成为可能。我们看到，它明确地以保证传播水平和接受水平（二者皆由样态和分散程度定义）之间的最佳调节为目标，绝不依靠从伦理上接受学校的正义这个跨越历史和文化的理想，也不依靠对合理性的普遍意义的信仰。如果说，这种教学法原则的实施并非来自它本身，这是因为它需以教师和学生对接受情况的持续性检查的制度化为前提。从更广泛的意义上讲，这是因为它要求考虑交流的所有社会特性，尤其是教师和学生来自他们所处环境及学校教育的那些未被意识到的前提。比如，最错误不过的是，把一些固有优缺点加在这种或那种传播或检查技术（大课或非指导性教学、论文或闭卷考试）头上。因为，只有在信息内容、信息在学习过程中传播的时刻、教育的功能、外界对交流的要求（紧迫或从容）以及教师队伍或教育对象的形态、社会和学校方面的特点之间关系的整个系统之中，一种技术的纯教育性生产力才能得以定义。

的学校群体，使它自己不能系统地说明经验性变化。学校系统只是把幸存者群体作为考察对象。要想不中它的圈套，就必须从这个事先建立的对象中引出真正的研究目标。这就是说，找到学校系统根据它们进行选择的那些原则：越到高年级，选择对象的相关特性就越完全是这个系统的培养、导向和淘汰作用的结果。因此，对一种教育信息接受者群体的社会和学校方面特点的分析，只有当它能导致在下面两者之间建立关系系统的情况下才有意义。这两者，一方面是作为再生产合法文化的、主要决定强加和灌输学校文化合法方式的机构而设计的学校，一方面是在教育交流效果方面由与学校文化的不同距离和在承认并掌握这一文化方面的不同态度所定性的各社会阶级。如果教育社会学把学校里的人群和机构的组织或它的价值体系分开进行研究，把它们看作两个其特性先于其关系存在的实在，由于这种下意识的割裂而最终用简单的定性加以解释，如学生的文化“愿望”、教师的“保守主义”或家长的“动机”等，那么，人们就会无休止地列举教育社会学无可指摘的谬误和不能品评的疏忽。只有在教育系统和社会阶级关系结构之间建立关系系统，才能使人真正避免这些物化的抽象不至生产出关系

129 系性概念。这些概念和学习机会、对学校的态度、与学校文化的距离、选择程度等概念一样，把与阶级属性有关的特性（比如精神气质或文化资本）和与学校组织的有关特性结合在一种解释性理论的统一体之中。学校组织的特性包括，学校、科系、专业、学位或实践的等级所包含的价值等级。可能这种建立关系的做法还是局部的。如果它只抓住与阶级属性有关的特点，这一属性又是根据它与仅仅作为交流系统而设计的学校系统的同时性和历时性关系被

定义的，那么这一理论的建立就会把教育系统和社会阶级之间的关系作为简单的交流关系来对待。但是，这种系统性抽象也是理解这些关系最特殊和最隐蔽的方面的条件：一个给定的学校制度，正是通过它实现其技术方面的交流功能的特殊方式，另外也实现着它社会方面的保存功能和思想方面的合法化功能。

第二章　文人传统与社会保存

132　我们的法官很了解这个秘密。他们的红色长袍，把他们裹得像毛绒绒的猫似的皮装饰带，审理案件的大厅，整个这个令人生畏的机器都是十分必要的。如果医生过去不穿长外罩和拖鞋，如果博士过去没有方帽子和四边肥肥的博士袍，他们就从来也不能欺骗这个无法抵御被如此认证了的装束的世界。只有战士不这样打扮，因为他们的作用更重要：他们靠力量站住脚，而别人靠的是伪装。

——帕斯卡尔：《思想录》

在演说者讲话之前，人们把权杖递给他，以使他讲话时有权威……权杖标志着讲话者是神圣的人物，他的使命就是传递权威信息。

——E.邦弗尼斯特[①]：《印欧法制词汇》

133　把教育关系作为一种简单的交流关系对待，以衡量其信息的效益这种愿望，通过说明教师和大学生之间进行的交流中信息损失的广度，使一种矛盾出现。这个矛盾迫使人们向产生它的问题

① E.邦弗尼斯特(Emile Benveniste，1902—1976)，法国语言学家。——译者

提出一个问题[①]：如果教育关系被压缩成为一种纯粹的交流关系，教育交流的信息效益会不会如此之低？换句话讲，就是甚至在传播的信息有自行消亡的趋势的时候，什么样的特殊条件能使教育交流关系作为这样一种关系永远存在下去？研究中发现的逻辑方面的矛盾向自己提出这样一个问题：研究愿望本身，即把教育交流置于测量检查之下的愿望，是否没有被它涉及的系统的整个逻辑所排除？换言之，这个逻辑方面的矛盾向自己提出了关于制度性手段和社会条件的问题。即使教育关系是如此全面地缺乏表面上最为特殊的目的，这些手段和条件也可以使它永远存在于处于这种关系里的人的美好的无意识之中。总之，这个逻辑方面的矛盾 134
要求确定从社会学方面定义一种教育交流关系的那些内容，而不要像交流关系那样，以表面化的方式定义。

教育权威与语言权威

教师使大学行话的使用得到保证，这并不比大学生对语义模糊不清的容忍更使人感到意外。使语言方面的隔阂成为可能并受

① 本章第一部分重复了在其他地方发表过的某些分析（见布尔迪厄、J.－C.帕斯隆、M.德圣马丹：《教育关系与交流》，巴黎，慕东出版社，1965年）。但是，那些分析没有建立在把教育权威当作教育交流关系可能性的社会条件这一明确理论之上，有可能产生误导。这里，如果说我们想表明与一种对教育行动的纯社会心理学解释的最彻底决裂，并因此而摒弃对人们好心或坏心的伦理学判断的幼稚性，这是因为，对解释的一种探究，即便是通过排除，也会使人同意能在人们的思想中找到实践的本源，它仍然会服从系统的内部必要性。而系统则在它的运行过程中并通过这一过程，产生有助于掩饰其运行可能性的社会条件的表象。

到容忍的条件，就存在于制度之中。除去一些不常见和没见过的词汇总是出现在一成不变的构造之中，使人感到已经听到过以外，威严的语言的完整意义也来自这样一种局面：与它的社会环境、程式、时间节奏，总之使教育行动成为一种合法文化的强加和灌输行动的那些可见和不可见的制约因素的整个系统一起，教育交流关系得以实现。① 通过指定和确认每个负责灌输的人员有资格传播他所传播的内容，因而授权他利用受到社会保证的惩罚来强迫接受这些内容并检查它们的灌输情况，制度把一种可以排除交流的信息效益问题的**法定权威**赋予了教师的讲话。

135 把教育关系压缩为一种纯粹的交流关系，就是阻止自己了解教育制度的权威赋予它的那些特点。仅在一种教育交流关系中传递一个信息的事实，就包括并强加了值得传递的内容的社会定义（这种关系越是制度化，这一定义就越明确和系统化）；用以传递信息的编码的社会定义；有权传递的人，或者更确切说，有权强迫别人接受这一信息的人的社会定义；有资格接受这一编码并因此被迫接受它的人的社会定义；还有把自己的合法性并由此把自己的全部意义赋予所传递的信息的那种强加与灌输方式的社会定义。在传统制度为他安排的空间的特殊性之中（讲台、讲桌以及他在学生目光焦点中所处的位置），教师找到了能使他与大学生保持距离

① 系统的相互依存关系，把一种主强加方式特有的技术联系起来，并试图使这些技术失去被使用者视为专断的性质。这种关系过去从来没有像在危机形势下表现得如此突出。现在，所有这些技术都受到了普遍的怀疑。人们立刻会看到，影响大部分教育机构改革的方向和教会的**改革**（aggiornamento）之间有一种相似性（简化礼拜仪式、取消仪式性活动、在民众面前宣读经文、使用通俗语言等旨在“方便信徒更积极参与”的措施）。

并受到尊重的物质和符号条件。这些条件甚至在他拒绝的时候也强迫他这样做。教师高高在上，封闭在使他荣任讲演者的小天地里，尽可能地与听众分开。没人坐的几排座位在物质上代表着门外汉在语言的**神力**面前惊恐地保持着的距离，而且除了训练有素的热情支持者和专横讲话的虔诚信徒之外，这几排座位从来没有人坐。总之，对遥远的、不可捉摸的、满嘴是空洞和吓人的“有人说”的教师来讲，位置的必要性远比最严格的制度化更为重要。这迫使他演出做作的独角戏，炫耀自己的才华。讲台使占据它的人得到了语调、措辞、口才和演说姿态，尽管这些东西他本来就有。于是，我们看到，大学生在讲台上做口述时也继承了教师的演说风格。这种环境对教师和大学生的行为影响巨大，使他们开展对话的努力旋即转移到讲故事和开玩笑的方向。教师可以要求学生参与或不参与，这从来都不会有变成实际的危险。向听众提出的问题往往只是讲道中的提问，主要用来表示信徒参
加了活动。在绝大多数情况下，回答只是作为弥撒时颂歌中的应 136
答轮唱。[1]

制度把保持距离的各种技术赋予了它的工作人员。在这些技术当中，威严的语言是最有效和最微妙的。与空间中的或由规则保证的距离相反，语言造成的距离似乎并非来自制度本身。由于

① 如果说，大学的空间如此强烈地把它的法则强加给实践，那是因为它在符号方面表现出大学制度的法则。于是，教育关系的传统形式便可以在其他类型的空间组织中重新出现。因为从某种意义上讲，制度导致了一种比实际空间更为真实的符号空间的出现。在一个在其他所有方面都相同的大学里，围着圆桌组织研讨会的形式不会影响集中于一个人的愿望和注意力。这个人保留了教师地位的所有标志，首先是可以控制别人发言的发言特权。

威严的语言从来都不会与它在其中得以表现的学校权威的关系相分离，所以这个法定特点的大部分作用来自制度。当它只是把职能方面的优势转化为职能人员的利益的时候，它就可以作为人的自身优点出现。传统的教师可以放弃绶带和长袍，甚至可以从讲台上下来，走到学生中间，但是他不能放弃最后的防护——以教师的身份使用教师的语言。如果说教师不能谈论阶级斗争或者乱伦关系，这是因为他的处境、人格和角色就包含着谈话的“中立性”。这也是因为，极而言之，语言可以不再是一种交流的工具，而是一种念咒的工具，它的主要功能就是证明和强加交流与交流内容的教育权威。

对语言的这样一种应用，以阻止测量交流的信息效益为前提。实际上，一切就这样进行着，似乎只有口试或笔试这些制度作为交
137 换而赋予学生和教师的交流工具，才有潜在的功能，能阻止对理解进行精确的测量，并由此阻止对掩饰隔阂的模仿言语进行精确的测量。这样，**权威性**的大课与笔试就和教师的独唱与考试时的个人壮举，或者和证明控制能力的**自由命题**(de omni re scibili)发言与作文的语言普遍性一样，成为功能性的一对。如果笔试的修辞方法给教师一种弥漫不清的印象，似乎他的语言没有被很差地理解，这是因为笔试批准了一种讲话及与讲话的关系，用以防止断然的选择，并由此促使阅卷人在评分时和他的对象同样谨慎。教师们总是不厌其烦地重复，为那些“大批的”“勉强及格的”卷子打分是多么不容易。这些卷子不能让人立即做出评价，人们绞尽脑汁地商议，以便完了时拿出最后一着，做出一种宽容的但又带有蔑视色彩的评价：“给他及格吧”，或者“让他过去吧”。教师会考评委会

的报告总是无休止地把考试原则本身和传统评分标准必然要产生的结果当作一种自然灾难来抱怨："太差的考卷不多，但好的更少。其余的，也就是 76%的考卷处于中间状态，6—11 分。"[①]这些报告对考试竭尽诋毁之能事，这样的说法比比皆是："大量考生"的先天"不足的""平庸的""枯燥的""乏味的"考卷的"单调"，"幸而出现的"几份"出众的"或"优秀的"考卷"证明了考试存在的必要"。[②]对笔试修辞的分析，可以使人理解一种得到共鸣的讲话的混乱形 138
式。这种讲话使用了简化、不考虑背景、重新解释等方法，不太符合文化学习的逻辑，而是更符合文化移入的逻辑，就像语言学家在分析"克里奥尔化"[③]语言时所理解的那样。作文的典型语言特点

---

① 《教师会考男生语法考试报告》(*Rapport d'agrégation masculine de grammaire*)，1957 年，第 9 页。

② 我们看到，教师惊奇地发现，考生"自然地"按照教师感觉的差异分成几类：5 分以下的考卷为"极差"，并一般都会招致嘲讽或气愤；6—8 分为"差"或"令人伤心"；9—11 分是人们所说的"及格"，使人嘁嘴，但又承认分数所反映的情况；得了 12—15 分，人们就会不遗余力地炫耀满意或者奖励；超过 15 分，则会隆重地授予"杰出"奖章。通过这种评分，阅卷人表示了一种既含混又明确的评价，他们笃信一分、半分甚至四分之一分，以便最终把学生分成几大群，每一群内部的等级不固定。由于英才主义生产了认证它的东西，所以它必定会得到认证。根据它的永恒模式，从来都是只有"几个杰出的人"能从"这一大批中"显露出来，少数人漂浮在深渊的水面上(rari nantes in gurgite vasto)。正像教师会考报告可能指出的那样："考试作为有天才或没有天才的显示器，是令人满意的"(《教师会考女生古典语言考试报告》[*Agrégation féminine de lettres classiques*]，1959 年，第 23 页)。不过，传统的文科教育并没有垄断这种思维方式："除去几个'出类拔萃的'考生有时候成绩出色以外，考试平淡无奇。"(《考试委员会对国立行政学校考生论文的总结》[Réflexions des jurys sur les travaux des candidats à l'ENA]，《1967 年竞试试题与统计》[*Épreuves et statistiques du concours de 1967*]，巴黎，国家印刷所，1968 年，第 9 页)

③ 安的列斯群岛上的白种人后裔使用的语言为法、西、葡语与当地语言的混合物，称克里奥尔语。此处的克里奥尔化指多种语言的混合。——译者

是影射和省略。这需以在标志传统形式的教育关系的隔阂中和通过这一隔阂的合作关系为前提。如果用一种无法理解或很难理解的语言进行传播，教师就不能理解学生对他的反驳，这是合乎正常逻辑的。但是，正如韦伯发现的那样，天主教教士地位的合法性使得失败的责任既不在上帝，也不在教士，仅仅在于信徒的行为。教师也是如此，他不承认这一点，也没有看到这样的后果，只是怀疑没有被学生完全理解。只要他的法定权威没有遭到反对，他就会把他没有听懂学生发言一事的责任推到学生身上。

这就是一个建立在传统式教育工作基础上的学校制度的全部逻辑。极而言之，这个制度保证“先生”“不犯错误”，教师的这种可靠性表现为他把学生视为“无能”。极端要求和过分宽容的混合，使得教师把所有交流的失败，不管它们是多么偶然，都视为一种关
139 系的组成部分，这种关系本质上意味着最好的信息被最坏的接受者很坏地接受了。[①] 如果学生没有能体现只是作为“为了老师才这样”的应该是的那种样子，那就不管是失误还是故意，都必须承担错误的全部责任。正像教师会考报告所指出的那样，“在学生嘴里”，最卓越的理论也被压缩为逻辑的畸形状态；似乎学生无法理解教授给他们的内容，他们没有别的任务，只能是表现教师炫耀努力的虚浮。而且，由于职业意识所致，不管怎样，教师都会继续作

① 作为过去的好学生，教师只想以未来的教师为学生，他们受过的教育和在学校的经历事先就注定了他们一定要进入制度的游戏。在向学生讲述应该成为什么样的人的时候，教师不遗余力地在真实的大学生身上减少要求有权只成为他现在这个样子的企图。教师全部注意力的对象只是几个“天才学生”，他们使他相信虚构的大学生是真实的。而且，教师信任和尊重的不正是这种虚构的大学生吗？

出此种努力，放弃了幻想之后的清醒还会使他功德倍增。[①] 和神正论中的邪恶一样，定期出现的“坏学生”的存在，无法使人感到处于可能存在的一个最好的学校世界之中。它为一些希望成为最佳的教育行为做出解释，因为这一解释将教育的失败视为不可避免，为它找到了仅有的、无法被拒绝的辩解。

于是，被人理解的幻想和理解别人的幻想就可以通过作为对方的托词而相得益彰，因为它们的基础存在于制度之中。对过去
学习的所有调节和教育交流关系的全部社会条件，使大学生客观 140
地注定要进入虚构的交流游戏。为此，他们必须接受把他们置于受凌辱地位的大学世界观。和古拉部落中护臂和项圈总是分别各自朝一个方向运动一样，好话（或好词）总是教师说学生的，而坏话（或恶意的玩笑）则总是学生说教师的。在学生们不理解教师的独角戏的情况下，法定的对不确切理解的顺从越是因为别人以为大学生理解，因为他们应该理解，而同时成为他们适应学校系统的产物与条件，他们就越不会打断教师的独角戏。大学生们不能接受这样一种认识：他们有权理解，因此必须乐于降低他们在理解方面的要求水平。教士掌握着制度委托给他的解释神意的权力，以这种身份为制度服务，能把信仰实践的失败归咎于信徒，以保持他自

① “每年有每年的时尚，总可以找到某个教师的建议或教诲的变了形的形象，似乎是一幅不高明的漫画。”（《教师会考男生文学考试》[*Agrégation masculine de lettres*]，1950 年，第 10 页）“与其说是气愤，不如说是承受，人们通过试卷的偶然性发现……”为了理解学生使他接触到的一切所被迫接受的破坏性处理，教师的讲话在野蛮和自然灾害二者的隐喻之间摇摆：学生“糟踏”“破坏”“歪曲”“讹用”“毁灭”语言或思想；“这篇精美的文章多少次被令人发指地粗暴对待和歪曲”（《教师会考男生现代文学考试》[*Agrégation masculine de lettres modernes*]，1965 年，第 22 页）。

己不犯错误的形象。教师也是如此。当他例如逃避和阻止证明一个不是他的而是制度的失败的时候，他就保护了保护他的制度。教师只能通过增加对永福的焦虑，利用集体惩罚的刻板修辞，来驱赶这种失败。

归根结蒂，教师和学生之所以必须（分别地或相互地）过高评价教育交流中实际流通的信息量，只是因为是制度使他们这样做：学校承认他们是教育信息的合法传播者或接受者，便把对制度的义务强加给他们，而这些义务与他们在制度中的存在证明了的他
141 们人为的尊严恰恰相反。[①] 教师和学生在选择（一般情况下不指一种自觉的计算）从大学的角度来看最经济或最划算的（学校行话称之为最“上算的”）行为的时候，只是服从学校这个天地的法则，把它们看作一套认可体系。由于交流内容和交流方式在教师接受和掌握它们的方式之中密不可分地联系在一起，所以教师不能自己设计交流内容和方式。如果不把交流内容和交流方式分开，教师就不能选定一种新的语言和一种新型语言关系。除此之外，教师如果不能瓦解使他以最低代价，即像人们曾经教他那样实施教学的这一虚构，他就不能准确测量学生对他语言的理解。如果他在学生眼里成为一个在高等教育中迷路的小学教师，那他将承受

① 总之，如果传播者与接受者之间的符号关系只表示确定教育形势的那些客观关系的结构，那么它们无论如何也能把自己的力量加入到这些关系当中。就像我们在系统的危机状态下看到的那样，在一定限度之内，它们有助于使一种不再具备形成结构的条件的交流的表面形式虚假地永远存在。这样，教师与学生对教育关系方面相同的心理学——因而也是伦理学——观点的接受，或者更确切地说，在误解中和在对不存在误解的假设中的合谋所证明的工作人员赋予他们作为人际关系来体验的客观关系的表象，对这些客观关系来说，具有一种相对的独立性。因为，它们可以在一定程度上掩饰那些使它们成为可能的客观关系结构的变化。

这一发现的全部后果。① 至于学生，他应当也只需听凭自己去使用他的全部教育事先为他选定的语言，以使他，比如在做作文的时候，得益于各种保护和安全。而这些正是教师通过虚假的普遍性和“甚至没有错”式的慎重估计来保持距离的做法所造成的。这种估计使他的得分像人所说的那样“在 9—11 分之间”。总之，使他避免用一种尽可能明确的编码反映出他的理解和知识的确切水平。这样一来，事先就注定要为明晰付出代价。② 至少是为了教 142
师，大学生总是可以把勉强算是有听众的讲话重新写出来。在这样的东西里，绝不会突然出现明显的没有意义的句子，因为教育系统为他们提供的作文性质允许使用第二流和第二手的组合技术(ars combinatoria)。此种技术对语意方面有限的一部分细微之处发挥作用，只能生产出一些机械地连接起来的词汇链。这是一场不能使用所有词汇参与的战斗。在这场战斗中，学生被要求用

① 除非这个奇特的和不恰当的企图为他带来非正统主义同样虚假的影响。正是因为如此，制度才仍然有理由反对他。

② 有时候，比如在大学校预备班，那些确定与语言的传统关系的规则就表现在学校谨慎的准则之中。这些准则证明，“高级修辞班”(rhétorique，旧时法国中学的最高班。——译者)和“令人失望的修辞班”(最终需以同样的语言关系为前提。比如，我们知道，幼稚想法中的幼稚想法就是“以什么都不知道为借口什么都不写”；我们还听说过，“不需要知道多少东西就能历史‘及格’”，前提是会使用年表，不出现重大错误。很明显，这种聪明的谨慎也包含着它的危险。一个高等师范文科预备班学生的历险记就证明了这一点：他在年表上看到“维也纳股票行情暴跌”，就对维也纳一个叫克拉克的助学金领取者做起了文章(因二者法文皆可写作 Krach boursier。——译者)。当教师们因这些荒谬的错误开玩笑的时候，他们忘记了教育系统的这些失败包含着该系统的真相。如果人们认为“大学高才生”是在这所学校里培养出来的，如果人们看到这种训练的所有伦理方面的蕴涵，人们就会理解文化人(homo academicus)及其精神生产的一个完整侧面。

词汇自卫，他们往往别无选择，只有求助于令人失望的修辞学，倒退到迷信语言的预防或赎罪功能的地步。这时候，威严的讲话里的那些大词便成了口令或者闹哄哄的宗教仪式上的套话。贫乏的相对主义、想象式的举例说明以及不准确的概念，处于抽象与具体和能证实与不能证实之间，都是回避行为。它们由于不准确而消除了成为正确或错误的可能，可以尽量减少危险。当学习自如地威严讲话所需要的社会条件不再具备时，对它的不顾一切的模仿便使控制出现了夸张。在这种情况下，就像在**先天论运动**（nativistic movements）中一样，有规律的变化被机械的或无政府主义的歪曲所代替。

143 ## 语言及语言关系

可是，这样一个教育系统，即使是看起来完全没有达到实现它的灌输功能所应具备的要求，但如果通过它建立的传统交流形式仍然服务于它从中得到权威的那些阶级或集团，便能继续存在下去。人们明白这一点吗？如果这个系统为负责灌输的人员留下的自由，以学校甚至在教育效益趋低的情况下仍然不断履行的阶级功能为对立面，它还会这么充分吗？在从勒南[①]到涂尔干的著作中，我们经常发现，一种如此热衷于传递一种风格，即一种与教育和文化关系的教育，从耶稣会学院遗留下来的人文主义传统——从学校和基督教角度对力图使对职业使命的高雅超脱成为从事各

---

① 勒南（Ernest Renan，1823—1892），法国作家。——译者

种高雅职业的完美形式的贵族社交需要所做的新解释——中得到的那些东西。但是，如果人们只看到，知识分子的这个传统今天在教育系统的运行及其与知识界和不同社会阶级的关系的平衡之中仍然发挥着社会作用，就无法理解法国教育系统把至高无上的价值赋予了文学方面的能力；或者更确切地说，是赋予了使各种经历，首先是文学经历，变成文学语言的能力；总之，是决定把文学生活，有时甚至是科学生活，作为一种巴黎生活来体验的法国方式的那种能力。

对任何人来说，包括对特权阶级的儿童，大学的语言并不是一种母语。它是语言历史上的过去状态不按时间顺序的混合，与不同社会阶级实际使用的语言距离的远近差别很大。这可能有些武
断，比如人们发现："能区分一定数量的法语讲话习惯，因为这受到 144
不同社会等级的影响。但在这等级的两端，存在着两种明确定义的言谈：**资产阶级的言谈和粗俗的言谈**。"[①]在语言进化过程中，学者或上层社会的合法当局的标准化和稳定化干预经常检查和限制资产阶级使用的语言。在这种语言中，从拉丁文借用的词汇甚至句法占有相当大的比重。由此，这些只有文人群体才引进、使用和强加的内容，便摆脱了旨在同化的调整和重新解释。由于学校的作用，一些人得以把家庭中通过习惯获得的实际控制，转化为一种第二等级的，几乎是学者式的使用语言的能力。资产阶级语言只

① J. 达姆莱特(J. Damourette)、E. 皮雄(E. Pichon)：《从词汇到思想，论法语语法》(*Des mots à la pensée, Essai de grammaire de la langue française*)，"当代语言学家文集"，巴黎，1931 年，第 1 卷，第 50 页。

能被这些人恰当地使用。由于教育系统的信息效益总是随接受者的语言能力(以对大学语言编码控制得是否完全、是否精通来定义)变化,所以**在学校产生效益的语言资本**在各社会阶级之间的不平等分配便成为隐蔽得最好的中介之一。社会出身与学校成绩之间(被调查所发现)的关系便通过这些中介得以建立,即便是这个因素因它所在的因素范畴不同、教育类型不同和学习阶段不同而有不同的作用。一个给定社会的给定时刻可使用的各种语言编码的社会价值(即它们的经济和符号效益),总是取决于它们与语言规范的距离。而学校则在定义被社会承认的语言
145 "正确性"的标准定义时强行使用这一规范。更确切地说,每个人的语言资本在学校市场上的价值,随以下二者之间的距离变化:学校要求的符号控制的类型,来自本人阶级初始教育的对语言的实际控制。①

但是,如果不同时得到一种**语言关系**,人们便不能掌握一种语言。在文化方面,掌握方式以某种使用这一所得的方式的形式永远存在于这一所得之中。掌握方式本身表示了掌握者的社会特点和掌握内容的社会质量之间的客观联系。所以,人们正是在与语言的关系中,发现了资产阶级语言与大众语言之间最明显差异的本源。人们往往用抽象化、形式主义、唯理智论和委婉适度来形

---

① 比如,我们看到,语言句法的复杂性不仅在明确评价语言练习、作文或论文所衡量的形式质量时受到重视,而且在评价知识分子的其他活动时也受到注意。这些活动(从数学演示到鉴别艺术品)需以使用复杂的模式为前提,每个人对复杂模式的使用所做的准备各不相同。他们都有一种对语言的实际控制,后者事先就程度不同地决定了对完美形式的语言的符号控制。

容资产阶级语言。从中，应该首先看到，这是社会方面形成的对语言，即对话者和对话内容本身的一种态度的表现。高雅地保持距离、有分寸的自如和天生的矫揉造作，都是上流社会举止的各种规范的本源，它们与大众语言的特别强的表现力或表现主义完全不同。后者的表现是直接从个别到个别，从形象到语言，或者通过轻佻、玩笑、放荡等某些阶级特有的言行方式，避免夸张那些重要的讲话或强烈的感情。对这些阶级来讲，从来没有完整地赋予他们那些社会条件，供他们区分客观外延与主观内涵，区分看到的事物与使这些事物被人看到的那些观点所带给它 146
们的东西。①

① 为了更具体地描述资产阶级语言和大众语言之间的对立，我们可以利用 B. 伯恩斯坦及其学派对"中产阶级"的规范语言和工人阶级的大众语言之间的差异进行的精辟分析。不过，伯恩斯坦忽略了从他的分析涉及的理论传统中（无论是萨丕尔和沃夫的人类学传统，还是从康德、洪堡到卡西雷的哲学传统）抽出暗含的前提，试图把差异压缩为诸如句法复杂程度等语言所固有的特点。这些差异的统一和生成本源存在于与语言的不同关系之中，这些关系又加入到对世界和他人态度的不同系统之中。如果说只有在被加工的东西（opus operatum）中才能最客观地抓住行动方式（modus operandi），就应该防止把有生产能力的习性（这种情况下就是语言关系）压缩为它的产品（这里就是语言的某种结构）。否则，就会使自己在语言中去寻找决定态度的本源。总之，就应该防止把语言产品当作生产语言产品的那些态度的生产者。结构的现实主义为这样一种语言社会学所固有，它试图把生产态度系统社会条件的问题排除出研究领域，而这一系统却与其他东西一起指挥着语言结构的形成。下面只列举一例：中产阶级语言的明显特点，如有错误的过分正确和语法约束痕迹过多，是一种语言关系的标志，这种关系的特点是小心翼翼地参照学院式标准答案的合法标准。小资产阶级语言表现出来的对无论是就餐还是讲话的良好举止的时刻关注，更清楚地表现为贪婪地寻找一些手段，如礼仪教材或正确用法指南，以便得到它所向往的阶级的社交技术。我们看到，与语言的这种关系是文化方面态度系统的组成部分。这个系统以遵守被承认的而不是被认识的一种文化规则的单纯意愿为基础，以对规则的严格注意为基础，而这一良好的文化意愿最终表现出中间层次在阶级关系结构中的地位和处境的客观特点。

因此，不管与学校语言的关系是拘谨的还是自由的，是紧张的还是放松的，是尴尬的还是自然的，是夸张的还是有分寸的，是卖弄式的还是有节制的，这种关系都是讲话者社会地位最可靠的明显标志之一。与学校语言的关系变化的本源，既存在于初始教育传授的对语言的实际控制与学校要求的符号控制二者间的距离之中，也存在于完整程度不同地掌握这一语言控制的社会条件之中。147 用语言表达情感和判断的能力，随社会地位的上升而提高。这只是能力的一个方面，能力随着在学校和职业方面的地位的升高而受到越来越强烈的要求。这就是，在实践中表现出与自己的实践和制约这一实践的规则保持距离的能力。不管表面现象如何，文学上的省略和隐喻几乎总是需要一种文学传统的背景。与它们最为对立的，是实际暗喻和巴利[①]所称的“通过演示(dei xis)的省略”。它们使大众语言能通过暗含地(或在动作方面)参照形势和“环境”(取普利埃托[L. Prieto]的用意)，全部或部分代替字面上的信息。正如一种对语言和它的实施——话语之间的对立进行的简单解释所提示的那样，修辞方法、表情作用、发音差异、语调旋律、词汇掌握或措辞形式，远远不只是表现一个注重自己表达特点的讲话者的自觉选择。在语言当中，这些文体方面的特点总是反映了一种语言关系。它对整个一类讲话者来说是共同的，因为它是对语言的掌握和使用的社会条件的产物。于是，回避常用表达方式，寻求罕见的手法，这些写作专业人员和通过写作研究差异的专业人员与语言保持的关系的特点，只是特权阶级特有的语言方

① 巴利(Charles Bally，1865—1947)，瑞士语言学家。——译者

面的文学能力的有限形式。这些阶级倾向于把使用的语言和使用它的方式变成排除粗俗的工具，从中表现自己的高雅。

尽管与语言的关系和所有属于行为方式的那些东西一样，试图摆脱一种经验性研究所进行的实验性测量，这种研究在提 148
出调查表和解释调查结果方面往往已成为常规，但是在用一种词汇测试衡量的语言能力的客观特点中找到语言行为方式的迹象，也不是不可能。[①] 比如，巴黎大学的学生，或者是特权阶级出身的大学生，尤其是巴黎大学出身于特权阶级的大学生，会比其他学生更多地尝试为一个不存在的、为进行词汇测试故意引进的词(gérophagie)下定义，在这样的事情当中，就可以看出与语言的不同关系的一种迹象。如果再考虑到过去学业最“杰出”的大学生(曾就读于古典班、毕业会考的成绩优良，等等)，在定义带有陷阱的词语时不像别人那么犹豫不定，考虑到为这个具有人种学意义的术语生产出最多的并且十分冗长的定义的，正是在以上几个关系方面都有特权的属类，我们就可以得出如下结论：当使用语言的自如与一个特权的属性带来的自信心结合在一起的时候，它可以

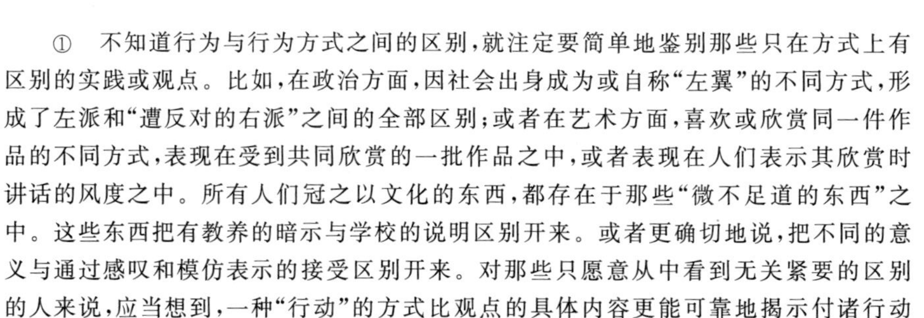

① 不知道行为与行为方式之间的区别，就注定要简单地鉴别那些只在方式上有区别的实践或观点。比如，在政治方面，因社会出身成为或自称“左翼”的不同方式，形成了左派和“遭反对的右派”之间的全部区别；或者在艺术方面，喜欢或欣赏同一件作品的不同方式，表现在受到共同欣赏的一批作品之中，或者表现在人们表示其欣赏时讲话的风度之中。所有人们冠之以文化的东西，都存在于那些“微不足道的东西”之中。这些东西把有教养的暗示与学校的说明区别开来。或者更确切地说，把不同的意义与通过感叹和模仿表示的接受区别开来。对那些只愿意从中看到无关紧要的区别的人来说，应当想到，一种“行动”的方式比观点的具体内容更能可靠地揭示付诸行动的概率。因为，方式直接把习性表现为行动的生成本源，并由此为预测，尤其是为长期预测，提供了一个更为可靠的基础。

一直发展到随随便便。[①]

149 同样，对一次口试中考生的语言和动作的表现进行系统观察，可使人看到某些社会特征，教师的评价不自觉地受到这些特征的导向。在这些特征中，应当列入语言的使用方式这一指标（准确性、语音、语调、技巧等）。这个方式和与教师关系的方式及考试形势有关，后者则通过举止、动作、衣着、装饰、手势表现出来。[②] 实验的必要性所强加的分析表明，没有任何东西，尤其是那些对知识

---

① 通过对 gérophagie 这个词的说法，可以很容易地区分出能揭示两种语言关系的两种措辞。“我不知道定义”（外省下层阶级男生）；“它没有让我想起什么”（外省中产阶级女生）；“géro 是不是指老年人？ phagie 是不是指吃的行为？ 所以是指吃老年人的（有所保留）？”（外省中产阶级男生）；“从辞源学上看，可能指吃老年人这件事”（外省中产阶级女生）。这些说法或者表现了学习中的清晰，或者表现了学习中的谨慎，或者更确切地说，表现了在学习的谨慎的范围内利用全部知识“尽其所能”的愿望。另外一些说法则与此相反，措辞断然、傲慢、随便或考究。“辞源学是这样讲的……所以 gérophagie 指某些不具反抗精神的部落吃老年人的习惯”（巴黎上层阶级女生）；“如果 géro 来自希腊文 geros——老人，gérophagie 就指 X 种族由于偏爱而导致吃老年人的人类学上的一种形式”（巴黎上层阶级女生）；“由希腊文动词不定式‘吃’的不定过去时构成，指吃老年人，是在某些原始部落中发现的习惯”（巴黎中产阶级女生）；“吃 gero（老年人）和吃 antropo（人）一样”（巴黎上层阶级男生）。

② 比如，第一次系统观察使人看到，语言或姿态自如的正面或反面标志（拘束或不安在语言和身体方面的表现：手颤抖、脸发红、即席发挥或者看笔记等讲话方式；寻求赞赏或有教养地放松等表明与主考关系的表现），明显地表现出在与社会出身有着联系的同时，它们之间的联系也十分密切。不管这个实验的局限性有多大，由于它以分析性观察发现的非常举止为前提，所以它的作用至少是使评分的某些社会因素大白于天下。同时，它也让人看到，这些因素为了克服不准专门考虑它们的禁令，争取发挥作用，采取了迂回的方式。于是，下层阶级大学生的拘束或不熟练，或者中产阶级大学生持之以恒的良好愿望，只有在它们伪装成“腼腆”或“紧张”等“心理”品质的情况下，才能成为主考们公开讨论的内容。对考生分数的评价，不自觉地随这些指标调整。仅是对这些指标的一次实验性测量，就可以使人从对大学的认识中得出各个属类的社会蕴涵。它们表现在教师的法学术语、考试委员会的报告或者写在考卷及成绩单空白地方的评语之中。

和技能的评价,哪怕是最技术性的评价,不被一个系统所感染。这 150
就是集中的,或者更确切地说是多余的,关于同一种总体性能力的,也就是关于一种社会地位的特有**方式**系统的印象系统。[①] 中层和下层阶级的大学生力图以滔滔不绝的方式,使自己符合大学的讲话标准。但他们又经常出现音调的不协调。与主要在他们当中经常出现的人们称之为“做作的”自如相反,人们所说的“自然的”自如,通过从容的话语、平稳的音调和间接肯定的文体,来证实对语言的很好的控制。所有这些都是掩饰艺术的艺术的明证,是利用极出色地讲话的欲望来启发潜在的杰出语言能力的最高方式。如果说,体现强制和自我强制挂虑的与语言的艰难关系,被不自觉地列入了穷人的自如,或者也可以说列入了新富的卖弄,这是因为它十分明显地表现出它的生利功能,以便不被人怀疑为低俗。教师很关注这一点,他们致力于神奇地虚构一种甚至在考试时自身也有其目的的交流。

这两种与语言关系之间的对立,反映了对语言控制的两种学习方式的对立:一是必定铸成与学校语言的“学校式”关系的纯学校式的学习方式,一是通过难以察觉的熟悉这个唯一能全部生产 151
对语言和文化的实际控制的学习方式。这种实际控制准许有教养

① 社会对这种或那种培养所特有的“精神”的认识就是对这个仪态系统而言的,它被看成那些不可分割的智力的和道德的“品质”无限小指标的总和。司汤达说过:“在修道院里,一种吃带壳溏心蛋的方式标志着信仰生活中的进步。”这和“校友”会的感化文学念咒似的、有时是拼命地提到的那些事没有什么两样:“高等商业学校(法国最著名的精英学校[也称“大学校”]之一。——译者)的精神,是一种思维方法,一种气质……一种生活中的行为方式。”另外,关于高等师范学校学生仪态或综合技术学校学生美德的堂皇文章或说教式谈话,也是数不胜数。

的暗喻与合谋。[1] 一切都使两种经验对立起来：一种是在由词汇定义事物真相的家庭环境中度过的童年所准备的对学校环境的经验，一种是为把反映现实的谈话内容非真实化而在学校学到的一种经过良好加工的语言为下层阶级的儿童带来的对不真实的经验。课堂上“精练的”和“正确的”，即“经过纠正的”语言，与那些眉批所称的“随便的”或“粗俗的”语言是对立的，它与寄宿学校里的反语言的对立更为严重。在那里，农村地区来的儿童同时面对强迫的文化移入和秘密的反文化移入两种经验，只能在分化和屈从于淘汰这二者之间进行选择。

法国教育系统把近乎绝对的优势赋予了口头传授和玩弄辞藻，而不重视其他灌输技术或同化技术。这可能是这一系统的客观功能的最佳标志。对阶梯教室、小教室与阅读室的不同重视程度，或者还有接触书籍、仪器等自学工具的极大困难，反映了通过听别人说进行学习和通过按部就班地讨论、练习、实验、阅读或撰写论文扎扎实实地进行学习二者不成比例。[2] 更确切地说，口头
152 传授的这种优势不应掩饰下述事实：交流通过受书面语言支配的话语完成。书面表达的规则和文体学被赋予的极高价值就是明证。它们旨在强加给受大学制度制约和认可的所有讲话，而不管

① 意味深长的是，为了把真正的双语制和学者的即学校的双语制分开，某些语言学家把自如作为标准。比如布卢姆菲尔德（L. Bloomfield）所说的“天生的对两种语言的控制”（《语言》[*Language*]，纽约，1933 年，第 56 页）。

② 在下述事实中，我们可以看到口头传授对学校学习影响的一个迹象：对不同属类的大学生来讲（根据随性别、住所和社会出身而发生的态度变化的普遍规律），大课趋向于以不同方式取代其他所有学习手段，首先是阅读。课堂笔记被赋予的价值就证明了这一点，它成为阅读、反复阅读、交换和借用的对象。

是教师讲大课还是考生在口试时回答问题。在最理想的是“像书上那样讲话”的一个学校环境中，唯一完全合法的讲话，就是在每一时刻都仅仅以合法文化背景为前提的那种讲话。[1]

教育任务的等级性，在制度的组织中和工作人员的思想中客观地表现出来，它的揭示作用也不小。在教师的各种任务中，用学者语言进行传授是唯一被视为必须无条件地执行的。所以，这一任务便压倒了管理和检查大学生工作的任务。比如，批改作业就被公认为教学工作卑微的一面，交给了助教，除非这一工作成为重大竞试的委员会行使其至高无上权力的机会。为大学不同职称确定的名称证明，随着地位的提高，人们越来越能合法地讲本制度的合法语言：助教总是上“实践课”[2]，即使他只是让别人讲话；讲师进行教学；副教授[3]也只是和讲师一样，但开一些讲座；只有教授
上人们所说的大课。[4] 在对任务的一种技术性分工的外表下面， 153

① 很容易就能表明，法国大学的语言比与其他教育传统相联的学者语言更完全地服从于书面语言所暗含的规则：不必说法国教育产品在外语使用面前的抑制，他们更喜欢不谈论这个问题，而不是不讲外语，就像必须用外语写三段式作文那样。就是根据时刻以总体情况为参照物的计划对讲话每个部分（尤其是对往往直接出版的大课的内容）的组织，也以书面语言为样板，往往还以它以及根据它的许可进行的修改和后退（形成草稿）为先决条件。

② 实践课（travaux pratiques，TP），法国大学中的小规模教学形式，如实验、讨论等。——译者

③ 副教授（maître de conférence），直译为讲师，实际地位更高，许多学者认为译作副教授更妥。——译者

④ 至于小学教师，平庸无奇地“上课”，这是他的职业。如果说，社会出身使大学生事先就有的高雅的从容，通过他众多的行为，反映了对次要工作的贵族式轻视（大学中完美完成的知识分子行为与教育工作的艰苦努力之间对立的反映），那是不足为奇的。因为，教育制度把有条不紊地灌输脑力劳动的物质和精神技术及与这些技术的技术关系，客观地列为最后一项任务。

这种“参照名称”的成层系统掩盖了在完成同一功能时水平方面的差别。在人们的理想中，这种水平方面的差别被看作是无法划分的，甚至在时间期限和工作需要强迫头衔的占有者把它分配给越来越多的代理人的情况下，也是如此。[①]

对词汇和文人玩弄辞藻的极大重视所包含的与语言和知识的关系，因为最符合教师过去所受的教育，所以是他们适应其职业实施的制度性条件的，尤其是适应教育空间的形态和教育对象的社会结构的最经济手段:“每周两次，每次一小时，教师必须站在偶然
154 组合起来的听众面前。这些人往往一起连续听两节课，差异很大。教师讲课时必须不考虑学生的特殊需要，不打听他们知道什么、不知道什么……那些要求人们在进行一系列推理之后才能得出的长长的科学演绎不得不被搁置在一边……面向所有人的，成为一种以吸引和保持听众为目的的竞争的舞台，被看作这个样子的大学课程成了什么？精彩的陈述，以罗马帝国后期演说家的方式‘朗诵’……这扇自动关闭的门，在整个上课期间从未停止过开合。无休止的来来往往，听众的闲散神态，教师几乎从不具教学法意义

① 大约自1960年以来，决定晋升教授的条例没有变化，但教师招聘政策使得各学院低职称教师和代课教师大量增加。不过，如果传统制度没有产生出这一政策的条件和那些为承认它做了最充分准备的工作人员，上述政策就不会如此轻易地执行。大学权力的持有者从降价扩充中得到好处，既拓宽了权力范围，又不使它面临危险；对如此完成的节约出力最大的人，从按资历晋升的传统模式中找到了以继承者的名义提前与难以接近的先生相提并论的理由（他们顺从地，有时是积极地，在无休止的论文方面进行自我苦修就是明证）；再深入一步，按中世纪行会方式组织的大学，在劳动分工方面仅有的原则是区别职称（gradus）的等级，这部分人或那部分人从中得到的一种激励，使他们将职业生涯无定限地延长为无定限增多的阶段一事，视为非常自然或不可避免。

的、有时是夸张的腔调，寻找有声音的、什么新内容也不教的、但必然显示统一标志的公共场所的能力，所有这一切在人们看来很奇怪，为他们闻所未闻。”[①]从更广的意义上讲，如果不知道一种试图把教育行动压缩为一种口头咒语或一种典范性展示的灌输方式特 155
别符合一批教师的利益——尤其在今天，这些教师直接服从知识界的样板，被强烈地要求在教育实践中显示自己是知识分子，人们就无法理解法国大学和知识分子生活的独特风格。可能没有任何东西，能排除大课可以服务于不同的功能，甚至服务于与一种传统教育学赋予它的功能相对立的功能。比如，在入门阶段，它使以最经济的方式传递教育交流和教育工作的必须基础成为可能。又如，在研究生教育中，它使传递一种理论综合或一个盖然判断成为可能。再如，要是记录下来，它简直就变成了重复性练习的技术依托。不过，根据它在灌输手段系统里的地位，根据它所要求的与语言和知识的关系，**法国式**大课在并非笨拙的抄袭和也不过分的创造之间保持着均衡。甚至是在它最极端的模仿，这个与它装作遵

① E.勒南：《当代问题》(*Questions contemporaines*)，巴黎，卡尔曼·列维出版社，1868年，第90—91页。随着人们职业地位的升高，社会认可的完美从事职业的定义包含了与任务，即与任务的最低(和次要)定义保持的距离。除去人们普遍观察到的这一点以外，教师还必须重视他的职业完美完成的形象，尤其是在高等教育阶段。后者具有一种制度的客观性，只有关于知识阶层在统治阶级内部的地位及大学教师在该阶层(即知识界)中的地位的社会历史才能完全说明它。但是，尤其是对这些实践和思想的功能的全面分析，应当注意它们在教育系统的一个给定状态下为这类或那类教师的明显服务。这样，一些诸如公开拒绝检查学生出勤情况或拒绝要求按时交作业的行为，就提供了一种方式，可以用比较小的代价形成高质量学生的高质量教师的形象。它们还可以使一些不得不终日从事教学和研究两项工作的、特别是级别比较低的教师，减少工作负担，从而找到一种实际办法，处理他们在人数过多的学院和专业里面临的形势。

循的标准进行的双重游戏之中，它都允许并生产着能免除学者考证时的细心的学校对明晰的要求，能免除有特色的研究的博学外表，能在任何情况下既免除明晰又免除博学的即兴创作的外表。我们看到，教育交流的制度方面的条件，允许并助长了一种能强加学校所有这些特点的教师能力神授论（如果允许把这两个词联系起来的话）。在大学教师的统治时间内，或者在他们的王朝中，这些特点取代了它们声称要保存和超越的所有成果。①

156 人们也懂得，如此众多的处于从属地位的或充满憧憬的知识分子，就连他们表面上最不受学校察觉的举止当中，都表现出对在与语言和文化关系方面起支配作用的模式的顺从。即便所谓的自由文化包含了学校文化的真相；或者更确切地说，即便在最不受学校约束的知识分子的最不具学校特点的讲话中，最好地表现出与一个学校所鼓励和承认的文化的良好关系，委托协议注定使这所学校要贬低所有具有学校味道的东西的价值，首先是学校与文化的关系；那么，这也只是在表面上不合情理。如果说，自从人们努力用知识来衡量巴黎式文化开始，这一文化就消失了，这是因为这

① 康德的历史地位注定了他将发现浪漫主义反叛的最初迹象。这种反叛所反对的是 18 世纪的唯理论，尤其是唯理论对教育能力的信任。康德形象地描述了灵感论和创作才华论所允许的制度能力神授论的影响："但是，在才华的幌子下，一种被称为有才华的人（更恰当地说，这不过是一些才华的迹象）树立起来。这种人讲的是受大自然不同寻常地照顾的那些天才人物的语言，他们把学习和探索的疲劳视为浪费，指出掌握科学精神易如反掌，而且只能把这一精神浓缩成为小剂量的剧药来提供。这种人和江湖医生及街头卖艺的人一样，当他们站在智慧的讲台上大谈宗教、政治和道德，从而掩饰自己思想贫乏的时候，就是在严重地危害着科学文化和道德文化的进步。除了对这些蹩脚演员付之一笑，不屑一顾，从而耐心地、专注地、有秩序地和明晰地继续自己的路之外，难道还有什么别的办法能对付这种人吗？"（康德著，福柯译：《人类学》[*Anthropologie*]，巴黎，弗兰出版社，1964 年，第 89—90 页）

一文化不坚固的结构来自得到它的条件：不管是与大人物，与各种作品，还是与相互议论的人短暂会见，也不管是每周都看半上流社会的新闻。这也是因为，并且尤其是因为，在这样的条件下得到的与文化的关系，是为在被优雅的谈话或放肆的讨论涉及的领域中取得成功而制造的，注定要被沙龙谈话的分类所否定，或者面临世界通行的分类方法，即只看一眼，便把艺术或哲学方面的左派和右派与政治方面的右派和左派混淆在一起。但是，如果相信培养起来的与文化关系的社会区分作用仅仅并且永远与"人文主义"形式的"普通文化"联在一起，那就太天真了。经济计量学、信息学、运筹学或结构主义最新成果的影响，也可以和经典作品或另一个时
代的古典语言方面的知识一样，自如地成为上流社会的装饰或在 157
社会方面取得成功的工具。人们应当想到从一个讨论会到一个讨论会，兜售从会上学到的知识的那些专家出身的高级官员，想到匆匆浏览了几页专家最不具专业性质著作的最一般化内容后，便从中抽出关于专家专业化固有界限的一般性谈话材料的那些评论家，想到科学性的纨绔子弟——那些"漂亮的"影射艺术的过了时的大师。今天，这一艺术足以使掌握它的人位于由此而洗刷掉实证主义粗俗罪恶的前沿科学的第一线。

对话与保存

一些实践或理论的可能性和盖然性客观地存在于教育交流关系的结构及其实施所需的社会和制度性条件之中。但是，仅仅用教师队伍的利益，或者更天真地用寻求威信或满足自尊心来解释

这些实践和理论，就是忘记了下面这样一点：一个教育系统要完成它使主文化合法化的社会功能，就必须得到对它的行动的合法性的承认，即便是以承认负责灌输这一文化的教师的自主权为形式。如果说，一个教育系统没有其他技术功能，仅有的社会功能就是使统治阶级的文化和与文化的关系合法化，而且对这种极端情况的参照可以使法国教育系统的某些趋势大白于天下，这是因为这个系统只有总是力图把文化的（科学的和文学的）社会功能的重要性置于能力的技术功能之上，才能在赋予语言这样一种地位的情况下交流得如此之少。威严的讲话，即使不是让制度的权威听见，也是让它来听。它至少也要强加使它成为可能的制度的权威和它的
158 实际对象的合法性。“当人们把一切都忘记了的时候，唯独没有忘记的东西”，是遗忘权所确定的与文化的关系。已经知道，或者更确切地说，被社会承认已经知道，这一事实所导致的正是这一权力。如果不是听到辞典里面的粉色页码[①]以后脸还不红的权利，或者在更高的学校认可的层次上，不是这种“知名的父亲与儿子或侄子的关系”特有的自如和熟悉，那么，在长期接触古书或长期买卖经典作家的作品之后，还有什么呢？季洛杜[②]得意地把上述特点说成是高等师范学生特有的，他们“熟悉伟大的道德、伟大的美学和伟大的作家”。

通过把为自身利益而改变制度权威的权利和能力赋予教师，教育系统就有了最可靠的手段，使它得到安置的官员用全部资源

① 法文辞典常用粉色纸印出拉丁文常用词语，这里有嘲讽的意思。——译者

② 季洛杜（Jean Giraudoux，1882—1944），法国作家，毕业于高等师范学校。——译者

和个人的全部热情来为制度服务，并由此为制度的社会功能服务。不管是否愿意，也不管是否知道，教师必须根据一种实践的社会定义来自我定义。在它的传统形式之下，这种实践如果没有某种戏剧性行动相伴，便无法进行。尽管教育行动要想成功就必须以教育权威为前提，它还是通过一种表面的循环，在它的完成过程中和通过这一工作的完成，得到了对它的权威的承认。教师有责任表现他的功能的质量和利用个人交流方式的质量所交流的文化的质量，他必须具有制度赋予他的与任务相关联的权威的符号品质（首先是语言的外衣，它对教师来说，就像是厨师、理发师、咖啡店服务员或护士的白大褂或白上衣一样），通过强调一项任务的各种外衣来不无卖弄地拒绝制度最明显的保护。上述外衣就和外科医生、独唱演员或者杂技演员的动作一样，注定要从符号方面表现执行者和执行过程的唯一品质。最典型的能力神授论的突出表现，如语言的绝技、费解的隐喻、令人困惑的参考书目或者武断的晦涩， 159
与掩盖出处、引进一些审慎的玩笑或避免使用损害声誉的表达方式等支持或代替它们的技术秘诀一样，它们的符号效果都来自制度为它们安排好的权力状况。制度之所以如此强烈地容忍和鼓励利用辅助因素，甚至是制度性规则，是因为除去一定内容之外，教育行动总是必须传递对这一内容的价值的肯定。也是因为，除去把不可替代的交流方式赋予可相互转移的交流者的影响转移到交流内容身上以外，没有达到这一目的的更好办法。

但是，归根结蒂，对制度性规则的使用，以大纲中暗含的对大纲可采取的自由的方式，比不加区别、不注意距离地强加规则更有力地强加了对规则的不自觉承认。允许这样做，就是通过一种与教师的关系，一种与学校制度的关系，一种通过这种关系的与语言和文化的关系，进行灌输。后者不是别的，就是统治阶级与语言和文化的关系。于是，制度通过安排教师利用制度而引导他为制度服务这样一种大学理性的欺骗手段，最终服务于一种社会保存功能。这是大学理性所不了解的，也是它无论如何不能承认的。如果教育系统给予教师的自由是使他为教育系统服务的最好方式，那么给予教育系统的自由则是使它为阶级关系的永续服务的最好方式。这是因为，目的的这种转变的可能性存在于一个系统的逻辑自身之中。这种系统只有看起来仅仅是追求自身的目的，它才能如此完美地完成它的社会功能。

要想用另一种方法说明，与语言及文化的关系，似乎最完美地
160 表现了学校系统和文人传统独立性的这个言行方式无限细微的差异的不定限的总和，在某个方面概括了连接这个系统和阶级关系结构的全部关系，只需想象在整个学校实践中建立另一种语言关系事先客观提出来的所有先决条件。[①] 这样，如果不同时把一种能力赋予教师，使他的全部教育实践服从于一种十分明确的教育学的全部要求，能真正实施对纯学校性学习方式独立性的肯定之中必然包含的原则的教育学，那我们就无法假设有一个教师，他与

---

① 这种想象中的变化，假设在另一种历史背景下，文化可以脱离与文化的关系，即脱离通过熟悉过程进行学习的方式。资产阶级的理论把这一方式视为文化天性的组成部分，除“天生的”以外，拒绝承认其他的与文化的关系是有教养的。对学校的与文化的关系和统治阶级垄断的与文化的关系之间事先建立的和谐的了解，远不只是解释通过学校的承认，完全、过分地称赞大众文化的民众主义愿望。在人们认识到它的全部后果的情况下，这种了解迫使人们完全重新提出学者文化与统治阶级文化之间的关系问题。这是因为，学校利用它假设和支持的与文化关系对主文化的贡献，至少等于利用它所传递的文化内容所做的贡献。

他的讲话、与学生的讲话、与学生和他的讲话的关系，保持着一种完全没有假意殷勤并摆脱了各种传统合谋的关系。实际上，由不断的和系统的阐述来尽量减少编码方面误解的明显愿望为导向的教育，与那些可以不专门教授传播的编码的教育完全对立。因为后者通过一种根本性的、没有言明的意思，以由难以察觉的熟悉过程培养的人为对象。这些人被要求去理解这些没有言明的意思。
因此，明显以对最大生产力的系统追求为导向的教育工作，会自觉 161
减少传播水平与接受水平之间的差距：人们或者在提供信息的同时，提供在一种表达中（口头的、图表的或动作的）识别信息的编码——而这一表达的编码早已被接受者掌握，从而提高接受水平；或者暂时根据一个进度受控制的大纲降低传播水平。在这个大纲中，每个信息都有为接受更高传播水平的信息作准备的职能，因而能通过重复传播和进行练习的办法，向接受者提供完全掌握编码的手段，使接受水平持续提高。[①]

① 以专门寻求提高接受水平为方向的行动，不同于传播水平的简单降低。除特殊情况以外，后一种情况是普及化工作的突出特点，更是一种教育（或其他各种文化传播形式）的蛊惑人心的让步。它试图通过根据接受水平的一个给定状况，一劳永逸地调节传播水平，从而合理安排教育工作。因此，如果承认一个教育系统总是必须考虑在技术上可以要求的能力的社会定义，即在任何情况下都保证灌输一个不能再压缩的最低量的信息和培养，就会看到不可能为了尽量减少流失而无限制地减少所传播的信息的数量。某种非指导性教学就是这样做的，它可以规定一个很高的掌握率，却以大大降低掌握的信息量为代价。因此，一项教育工作越是完全地满足以下两个矛盾的、一个也不能完全牺牲的要求，就越是绝对地和相对地具有生产力。第一个要求是尽量增加传播的信息的绝对数量，这会导致最大限度地减少赘言，追求简明和密度（不要混同于传统教育通过省略和暗示进行的简化）；第二个要求是尽量减少流失，这就会在其他技术之外，特别要求冗长一些，进行有意识的和事先考虑好的重复（不要混同于诸如对某些主旋律进行的音乐变奏的传统式冗长）。

总之，教育工作生产力的最大化，不仅以承认传播者和接受者
之间的语言能力差距为条件，而且以认识生产和再生产这个差距
162 的社会条件为前提。这就是说，既认识不同阶级语言的学习方式，
又认识学校的认可机制，并由此认识使各阶级之间语言差别得以
永续的机制。我们立刻看到，除去信赖偶然性或个人转化的奇迹
之外，人们只能期望被客观地要求必须满足这样一种纯粹的、仅限
于教育方面的要求的教师有这样的实践。换言之，就是应该开展
一种以灌输另外一种与语言和文化的关系为方向的教育行动，即
顺应另外一批对象和教师的客观利益的行动。这些教师的招聘和
培养，只是为了满足不仅在等级上，而且在技术上也有区别的职
业岗位的要求。因此，他们能禁止利用传统上把教育、科研，甚
至管理任务混为一谈的做法所形成的循环性借口。① 总之，只有
163 一个为另一个外部功能系统服务，以及为与此相关的另一种阶级
之间权力关系状况服务的学校系统，才能使这样一种教育行动成
为可能。

---

① 教育技术的变化（视听手段、程序教学等）没有导致决定如此彻底地调整结构，而是促进了在教育系统内部发动一整套系统的转变。可以肯定，必须避免把一个自动起决定作用的当局的使命赋予教育交流技术基础的变化。这样，就会看不到技术手段对教育系统的技术和社会功能系统的依赖性（闭路电视只能起到把大课的传统特点强化到荒谬程度的作用）。不过，随着教育行动的技术的变化已经影响到教育关系的最特殊部分，即交流工具，这一变化就可能影响教育关系的社会定义，尤其是传播和掌握这两项工作之间的相对地位的社会定义。这是因为，教学有可能事先录制一份可以无限反复传播的信息，从而摆脱了时间和地点的限制，趋向于不再以传播者为中心，而是以根据自己的时间和意向支配这一信息的接受者为中心。这样，录制本身的作用，就是能决定加强对传播的控制，改变相互要求的系统。比如，大学生的倾向是宣布诸如玩笑或趣闻等传统式教师最珍视的做法“无效”；教师则被迫在言语不可逆转的短暂为他们提供的保护失去以后，强化自我检查。

如果说，法国教育系统保持和促进的一种文化特权，以对掌握与文化的关系的条件的垄断为基础，特权阶级力图承认并在它们掌握这一垄断的情况下把它作为合法关系来强加，这是因为，只有在它灌输的文化已经通过熟悉过程被掌握以后，该系统承认的与文化的关系才能被完全控制。这也是因为，它建立的灌输方式，尽管有相对的特殊性，但还是保持着与合法文化的灌输方式的连续性，而后者的社会条件只赋予了那些奉行统治阶级文化的家庭。首先，我们看到，它没有明确提供它所要求的东西，却千篇一律地要求所有被它所接受的人具有它不提供的东西，即某一种特定的灌输方式生产的与语言和文化的关系，而且仅此而已。再者，我们看到，通过使一种尽量不与家庭方式有所不同的灌输方式得以永续，它提供的培养和信息只能被接受过它不提供的培养的人完全接受。这样，传统系统对统治阶级的依赖，便直接表现在它赋予与文化关系的高于文化的重要地位上，也表现在可能出现的与文化的关系中，赋予它从未能完全生产的那种关系的重要地位上。当教育系统使从它那里学到仪态的人过于学校化的仪态贬值，由此而否认它本身生产仪态的方式，同时承认没有能力肯定一种纯学校的生产方式的独立性的时候，就表现出它对阶级关系的依赖性的最终真相。

传统式经济行为，自我定义为一种从来不能如实自我确认的，
因此也就不能向自己明确提出完美适应其客观目的这个问题的， 164
在客观上具有经济性质的实践。传统式教育工作也是如此，它能把自己定义为一种**孤立的教育行为**，即一种不知道或排除了对手段的合理计算的教育实践，而这些精心准备的手段正是用来完成

它的存在本身所客观肯定的那些功能。法国大学的传统提供了诸多学校贬低学校化风格的范例。在古希腊学校开展的关于传授美德的可能性的辩论中，在儒家对业余性的崇拜中，都可以发现这样的贬低。这种贬低之所以普遍存在，只是因为它表现出一些学校机构固有的矛盾，这些机构不否认自己是学校，就无法否认它们的教育功能；不否认自己是传统式学校，就不能完全承认这一功能。中国明清时期的"反院体派文人画派"，与定义文人画的程式、配方、约束和规矩所保持的关系，和创作灵感论教师产生的激情与文学教师墨守成规的教学方法保持的关系是相同的。后者是一些笃信神灵的虔诚教士，他们与实践他们布道时所讲的话的距离，和与宣传他们所做时所说的距离同样远。[①] 但是，文人传统的或传统学校的实际与天才理论之间的表面矛盾，可能只是在最因循守旧的学校系统中才表现得如此强烈。它不应该掩饰如下事实：学校对与文化的——即便是学校化的——非学校性关系的崇拜，注定要完成一种保存功能。这是因为，一直到那些它遗漏的东西当中，传统式学校行动都自动地服务于某些阶级的教育利益。为了从学校角度使对一种从来不是全部来自学校的与文化关系的垄断合法化，这些阶级需要学校。

165 通过使人看到在差异极大的历史形势下连接统治阶级文化与传统教育思想的关系，或者更确切地说，看到连接各个特权阶级

① J.R.利文森(Levenson)：《现代中国与它的儒家历史》(*Modern China and its Contucian Past*)，安可尔出版社，1964年，全书，尤见31页。亦见E.巴拉兹(Balazs)：《中国社会的典型外貌》(Les aspects significatifs de la société chinoise)，《亚洲研究》(*Asiatische Studien*)，第6期(1952年)，第79—87页。

（嗜好因袭一种被压缩为风格准则的文化的风格）价值体系和注定要再生产使用合法文化的合法方式的传统学校系统的结构性和功能性亲缘关系，历史比较可以使人理解法国教育系统的各个方面，而关系的这种循环式结合就表现在这些方面。要想解释这一结合在法国学校和知识界传统中曾经具有的特殊形式，就应该毫不犹豫地追溯到耶稣会的行动。在使基督教道德世俗化的工作中，耶稣会成功地使讲宽恕的神学变成了上层社会讲优雅的理论。不过，只有在由它的功能的持续性来解释的情况下，这个历史形式的持续性才有解释性价值：学校系统历史的连续性保证的教育风尚的连续性，由于学校提供的服务的连续性而成为可能。尽管社会结构发生了变化，这个学校还总是在连接它和统治阶级的关系的

系统中占据着相同的地位。[1] 这样，所有各种态度都被编入 17 世 166
纪“老实人”的伦理体系，它们离儒家传统的“君子”伦理也相去不

远。由于这些态度在历史过程中永远起作用，所以它们也顺利地得以永续。尽管教学大纲的内容发生了变化，处于统治地位的阶级发生了变化，但上述情况的代价仅仅是对解释做了某些调整。

① 一方是一个给定的教育系统特有的灌输方式和强加方式，一方是它负责再生产的文化从它在给定的阶级关系结构类型中的社会功能中所得到的特殊性质，人们永远不能把二者分开。于是，就像卡尔佛敦指出的那样，在法国，是一个部分忠于贵族文化理想的大资产阶级把自己的形式赋予了主文化，也赋予了负责再生产这一文化的机构；在美国，则从一开始就是小资产阶级在影响着文化和学校传统（V. F. 卡尔佛敦[Calverton]：《美国文学的解放》[*The Liberation of American Literature*]，纽约，查理·斯克里布纳之子出版社，1922 年，第 XV 页）。同样，通过系统比较法国和德国资产阶级和贵族在不同时期占据的相对地位，人们可以发现差异的本源。这些差异把这个国家和那个国家的教育系统区分开，在教育系统与有教养的人的主表象之间的关系方面尤其如此。

比如，我们应当想到“风格”的至上地位，或者像过去那样重新称之为“举止”；想到自然和轻松的价值的提高，它们被设计为卖弄学问、学究气十足或努力工作的对立面；想到对“天才”的迷信和对学习的贬值——“天生”理论和轻视学习的思想在现时代的新表现；想到对专业化、对职业或技术的厌恶——过去资产阶级对商业的轻视的转移；想到赋予使人高兴的艺术，即适应谈话和社交会面多样性的艺术的卓越地位；想到对难以估量的因素和对细腻的重视，上流社会“考究”的传统在细腻中永存，细腻表现在科学文化对文学文化的服从和文学文化对艺术文化的服从，因为艺术文化更能使高雅游戏无限制地成倍发展。总之，我们会想到已经公开或心照不宣地把文化压缩为与文化的关系，即把占有一种知识的方式与可以被占有和学到的东西的通俗性对立起来的方法。而占有知识方式的全部价值就在于，只有一种方法能得到它。

第三章　淘汰与选择

> ……考试……无非是官僚政治对知识的洗礼，是官方对 168
> 世俗知识变体为神圣知识的确认。
>
> ——卡尔·马克思：《黑格尔法哲学批判》

要想说明法国教育系统对考试的重视，首先必须摒弃自发社 169
会学的解释。这种社会学把系统最突出的特点归因于一种民族传统没有得到解释的遗产，或者归因于大学教师先天保守主义的无法解释的作用。但是，当人们利用比较的方法，或者通过回顾历史，了解了考试在一个具体的教育系统中的特点和内部功能以后，这还不能算结束。只是在通过第二次决裂，摆脱了学校系统与阶级关系结构保持中立和独立这一幻想以后，人们最后才能向关于考试的疑问提问，以发现考试掩盖着什么，发现关于考试的疑问在转移对没有考试的淘汰的疑问时还在帮助掩盖着什么。

教育系统的结构和历史中的考试

十分明显，至少今天在法国，考试统治着大学的生活。这就是说，它不仅统治着工作人员的形象和实践，而且统治着机构的组织和运行。对在传统考试极权的、粗暴的并且一部分是无法预料的判决面前的不安，对学校工作组织系统固有的不规律，人们已经描述了不少。上面所说的不规律的形式十分混乱，它使人在各种激励中只认识一种绝对期限的迫近。实际上，考试并不只是学校价
170 值和教育系统暗含的选择的最明显表现。在它把知识和表现知识的方式的社会定义作为值得大学认可的东西强加于人的时候，它向主文化及其价值的灌输工作提供了它最有效的工具之一。对合法文化和与文化的合法关系的学习受到的习惯法的约束，即使不比受到教学大纲的约束更多，至少也是一样。习惯法在考试的法律原则中形成，它的主要特点来自它在其中形成的那个环境。[①]

这样，比如说法国式的作文，确定和传播着写作和构思规则，并且其影响已经扩大到极广泛的领域，因为人们可以在行政报告、博士论文或文学评论等多种不同的产品中发现这些学校化的生产方法的痕迹。为了全面了解这种以阅卷人为唯一读者的书面交流方式的特点，只需把它和辩论(disputatio)加以比较。中世纪大学曾经通过这种同伴之间在教师和一大批听众在场的情况下进行的辩论，灌输一种能适应各种形式的知识生产，甚至艺术生产的思想方法。也可以和中国的八股文加以对照。这种明朝和清朝初年竞试的主要形式，代表着诗词和文人画方面的正统细腻学派。还可以和英国大学的随笔(essay)加以对照。这种文章的规则和法国同样名称的文学品种的规则距离不远，主题应该用轻松和幽默来

① 所以，谁要想知道教师队伍培养和选择它认为可以使它得以永续的人所遵循的标准，就可以把教师会考或大学校考试委员会的报告当作典型资料。这些大修道院的讲道，集中了判决的理由。而这些理由则在它们的难以理解的明晰之中，反映了指导委员会进行选择的价值观。这也是考生应当作为依据，用来调节自己学习的价值观。

表现，不像法国式作文那样，必须由“生动而华丽地”提出盖然判断 171
的引言开篇，文笔不能通俗，还不能带有个人痕迹。我们可以看到，不同类型的学校考试往往同时是被规范了的和制度化了的交流模型，它们提供了教育信息的典范。从更广泛的意义上讲，它们提供了知识分子某种抱负的各种表现的典范（报告、发言、政治演说或新闻发布会）。[①] 这样，人们过快地归因于“民族特性”或“思想派别”的表达和思维模式，可以最终回溯到组织准备某一种学校考试的学习的那些模型上面。[②] 比如，被人们与法国大学校联系在一起的精神形式，可以与入学竞试的形式，更确切地说，与作文的类型和文笔，甚至与能在每种情况下定义表达或用词的完美形式的发音、技巧或语调等发生关系。从更广泛的意义上讲，像竞试这样的选择方式，明显地加强了法国大学的全部传统赋予形式质
量的特权。正如勒南指出的那样：“十分遗憾的是，竞试是出任中 172
学教师的唯一途径，而与足够的知识联在一起的实际技能并不能保证得到这一资格。在教育方面最有经验的人，那些为他们困难的工作带来的不是出色的能力而是坚强的精神和某些迟缓与腼腆

① 我们可以揭示学校计划性在最意想不到的领域里的影响：当法国民意调查所（I. F. O. P.）请法国人对“原子能方面现代科学的进步带给人类的利多于弊还是弊多于利”的问题发表意见时，民意调查不是别的什么东西，它不也是一种全国性考试吗？这个考试提出的问题，是向初中毕业、高中毕业或优等生竞赛的考生们以一千种相差不多的形式提出过一千遍的问题，那就是科学进步的道德价值。而调查表中列出的供选择的答案（利大于弊、弊大于利、利弊相当），不也使人想到为三段式论文水平的降低的辩解吗？它为辛辛苦苦地先说黑、后说白的论文加上了一个黑－白综合起来的动议。

② 布尔迪厄在《教育系统与思想系统》（Système d'enseignement et système de pensée）（《国际社会科学杂志》[*Revue internationale des sciences sociales*]，19，（3），1967年）中，更深入地分析了通过灌输同时亦是思想组织的共同原则的共同表达形式，各种教育系统完成的统一知识和逻辑的功能。

的人，在公开考试中，总是排在那些会取悦听众和考官的年轻人后面。这些年轻人善于使用灵活的语言使自己脱离困境，没有教好书所需要的足够耐心和坚定。”[①]如果在任何情况下，考试都真正能表示、灌输、认可和促进与学校系统某种组织、与知识界某种结构相关联的价值观，并以此为中介涉及主文化的价值观，人们就能理解，先不必说那些凝聚着与教师会考、论文、拉丁文教学或大学校相同的价值观的机构每次受到怀疑时遇到的愤怒反对，就是像中学毕业会考的次数、大纲的范围或者阅卷程序这些初看起来没有意义的问题，为什么也能引起激烈的争论。

在描述考试在知识分子实践和制度组织中重要地位的最明显作用方面，法国教育系统可以提供最完美的范例，并且根据极端情况，特别有力地提出因素问题。这些因素（内部的和外部的）能说明考试在教育系统中的功能性作用因历史或国家不同而发生的变化。然后，当人们想区分与外部要求有关的、与满足这些要求的方式有关的，或者在一个给定系统中属于属性趋势的东西时，只有采取比较的方法。每个教育系统的这些趋势来自该系统自身的灌输
173 功能，来自大学历史的特有传统，来自永远无法完全压缩为技术功能的交流和资格生产所具有的社会功能。

如果真像涂尔干所说的那样，古代没有考试，只有独立的甚至是相互竞争的学校和教师，考试的出现以大学制度，即一个由专职教师组成的、本身也促进着自身永续的队伍的存在为前提[②]；如果

---

① E. 勒南：《德国人眼里的法国公共教育》（L'instruction publique en France jugée par les Allemands），《当代问题》，第 266 页。

② 涂尔干：《教育思想的演进》，第一编，《从起源到文艺复兴》（*L'évolution pédagogique en France*，*I*，*Des origines à la renaissance*），巴黎，阿尔干出版社，1938 年，第 161 页。

也真的像M.韦伯分析的那样，一个有利于专门资格的、可引向专业化职业生涯的、分成等级的考试制度，只是随着希望使分成等级并可以互换的人符合所提供岗位的等级的这种官僚组织要求的发展，才在近代欧洲出现[1]；如果保证每个人在相同的考试（全国竞试代表着这种考试的最纯粹形式）面前表面平等的、保证持有相同资格的人在进入职业时机会均等的考试制度，真的满足了小资产阶级表面公允的理想；那么，人们就似乎有了充分的理由，从考试增多、考试社会影响的扩大和考试在教育系统内的功能地位的加强当中，只看到现代社会一种普遍趋势的一种特殊表现。但是，这种分析只是说明了学校历史最具普遍性的现象（比如可以解释以下现象：与受教育水平无关的社会地位的迁升，随着社会的工业化和官僚化而呈逐步减少的趋势[2]），而放过了教育系统本身的逻辑 174

① 韦伯：《经济与社会》（*Wirtschaft und Gesellschaft*），新版，科隆－柏林，基彭豪尔和威奇出版社，1956年，II，第735页及以后。

② 比如在美国，统计证明领导阶层成员毕业于大学和最好的大学的比例持续提高，这种趋势数年来一直不断加强。W. L. 沃纳（Warner）和 J. C. 阿贝格伦（Abegglen）指出：1952年，工业部门57%的领导人毕业于大学，1928年仅为37%（《美国大企业的领导人》[*Big Business Leaders in America*]，纽约，哈珀兄弟出版社，第62—67页）。在法国，一份对各行各业有名望的人士有代表性的抽样调查表明，他们当中85%的人完成了高等教育，其他的人中只有10%的人完成了中等教育（A. 吉拉尔[A. Girard]：《法国的社会成功，它的特点、规律、影响》[*La réussite sociale en France, ses caractéristiques, ses lois, ses effets*]，巴黎，国家人口学研究所，法国大学出版社，1961年，第233—259页）。对大工业组织领导人的最近调查表明，89%的法国总经理受过高等教育，比利时为85%，德国和意大利为78%，荷兰为55%，英国为40%（《欧洲总经理的画像》[Portrait-robot du PDG européen]，《拓展》[*L'expansion*]杂志，1969年11月，第133—143页）。应当研究，在法国大部分行业中，尤其是在行政部门中，与职称和文凭相联的优势的增加和法制化，是否造成了内部晋升的减少，即本系统出身并"就地培养"的高级职员是否减少。在一个行政组织中，"小门"和"大门"的对立基本上包含了小资产阶级和资产阶级的对立，它可能由此而得到加强。

对特殊形式的考试的运行和功能的影响。特殊的惰性是学校的特点，当它被赋予保存和传递一种从过去继承下来的文化的功能并具有特殊的自我永续手段的时候更是如此。由于这一惰性，学校能够使外部要求接受一种符合把它定义为系统的那些原则的，因而是系统的**转译**。正是在这一点上，涂尔干提出来的先决条件才具有它的全部意义。韦伯在其宗教社会学理论中突出了神职队伍自身的倾向，忽略了（可能因为他从一个外部观点，即一个官僚组织的要求的观点来考察教育系统）一个教育系统从一个专业教育队伍的历史的和跨越历史的特点那里得到的东西。因此，一切都导致了这样一种假设：传统在一种制度中的影响十分强大，而正如涂尔干指出的那样，这一制度由于它相对独立性的特殊形式，对自己的过去有更为直接的依赖性。

175 要想证明，欧洲教育系统中最重视考试的法国教育系统受到经济技术要求的限定比它所表现出来的还要少，只需看到下面这一点：在一个诸如古代中国那样的把培养一个领取俸禄的官僚集团作为首要目标的系统中，可以找到法国选择制度的大部分特点。[①] 儒家传统之所以能够如此完全地强加它的文人理想，是因为从来没有一个教育系统像中国科举制度那样，彻底地与它的选

① 儒家教育试图强加的是传统的“文人”理想。但是，韦伯有自己的认识。他指出：“我们可能觉得奇怪，一种如此考究的、以对古典文学的了解为基础的‘沙龙’（“Salon”－Bildung）文化，能够使人得到掌管面积很大的省份的行政职务。因为，人们实际上不能用诗词来管理，即使在中国也是如此……文字游戏、委婉表达、引经据典以及纯文学的雅兴，表现了文人雅士的、除掉了对政治现状任何影射的理想对话。中国官员将他们的文学风格按标准进行矫正，以证明自己的合法资格，即神赐的能力。于是，就对表达能力最为重视，一直到行政文件也是如此。”（韦伯：《宗教社会学文选》[*Gesammelte Aufsätze zur Religionssoziologie*]，第 1 卷，图宾根，J. C. B. 摩尔出版社，1922 年，第 420—421 页）

择功能同化，相较于建立学校和培养教师，科举制度对考试的组织和制度化更为重视。这也可能是因为，学习成绩的等级从来没有像在一个官员“终身受学校控制”的社会里这样，如此有力地决定其他的社会等级。[①] 在三个主要学习层次之间（韦伯提出，法国的翻译家们立刻从中看到中学毕业会考文凭、学士学位、博士学位的对应物），“加进了大量过度的、重复的或预备性的考试……仅在第一个层次，就有十种考试。对一个人们不知道他的地位的人，首先要问他通过了多少次考试。这样，尽管存在着对祖先的崇拜，祖先的数量也不能决定社会地位。完全相反，正是在官员等级中占据 176
的地位，才给人建立一个家庙的权利，而不是像不识字的人那样仅仅有一个简单的牌位。人们有权祭祀的祖先的数量，取决于官员的地位。被命名的神在神庙中占据的地位，也取决于城市负责官员的地位。”[②]于是，现代法国与古代中国这两个如此不同的系统从下面的事实中得到了共同的方针：它们都把一种社会选择的要求（尽管一种情况是传统的官僚制度的要求，另一种情况是资本主义经济的要求）变成全面表示纯粹是教师意向的机会。这一意向是，最大限度地提高它们生产、控制和促进的职业资格和人的素质的社会价值。[③]

---

① 韦伯：《宗教社会学文选》，第 417 页。

② 同上书，第 404—405 页。

③ 因为国家向它提供了公开加强它特有等级的条件，所以科举制度成为一种特殊情况：在那里，学校通过法定的权利和公开的理论，表现了一种使学校价值独立化的意向。在其他地方，这一意向只能在习惯法中和通过多次重新解释及多次合法化来实现。在这种情况下，甚至连学校的文化遗传特权合法化的功能也具有了一种法律外衣。这种声称使进入官场的权利只取决于考试所证明的个人成就的制度，明显地为高级官员的子弟保留着特殊的备选权。

法国的系统,如果可以这样说的话,比其他系统都更好地利用了现代社会特有的社会和技术选择的要求为它提供的机会,以沿着自己的逻辑走到底。但是,要想全面解释这一点,还必须考虑学校制度的特殊历史,它相对的独立性客观地表现在转译和重新解释的能力上。即在不同的历史时期,根据从一个相对独立的历史遗留下来的标准,转译并重新解释外部要求的能力。法国的系统尽管与科举制度不同,不能使人承认学校价值的等级便是全部社会等级和全部价值等级的正式本源,但它还是成功地与其他确定等级的原则进行了竞争。而且,它越是向在社会方面受到准备,要承认机构的教育权威的属类灌输学校等级的价值观,就越成功。尽管人们对学校等级和学校对等级的崇拜的承认,从未能与学校赋予他们在学校等级中的地位割断联系,这一承认还是主要取决于两个方面:一个是这些人从他们出身的社会阶级那里得到的价值体系(这个体系中承认的学校价值本身随这个阶级的利益与学校关系的密切程度变化),另一个是他们的商业价值及他们的社会地位对学校保险的依赖程度。人们懂得,在强迫承认它的价值和它的分类的价值方面,学校系统从来没有像在下述情况中这样成
177 功:它对不能向它提出任何有竞争性的划分等级的原则的社会阶级和阶层采取行动。这便是这样的机制里的一种,通过使中产阶级或大资产阶级知识阶层出身的大学生放弃在诸如钱财或权力等其他等级中求得迁升,从而从学校资格中得到经济和社会利益的愿望,把他们吸引到教师职业方面来。商界或政界大资产阶级出身的大学生地位比他们优越,能更好地使学校评价相对化,从而得

到那些经济和社会利益。[1] 这样,对为教师提供的物质和社会条 178
件的抗议或者对政治家或企业家的相互勾结和腐败现象的辛辣、有意的揭露,无疑是以道德义愤的方式,表达了教育界中下层工作人员对一个无力全部偿还所欠学校债务的社会的,也就是对学校给予他们一切,包括学校应该成为各类经济和社会等级本源的信念的那些人的反抗。在大学的高层工作人员当中,对一种每个人都将根据他的业绩,即根据他在学校里的地位,得到报酬的社会秩序的雅各宾式空想,总是与只承认制度——唯一完全承认其价值者——价值的贵族式意图并存,与使公民生活和政治生活的所有行为都服从大学精神权威——教士政府的替代形式——的教师统治论的野心并存。[2]

我们看到,法国教育系统是如何在对保险的和可相互替换的

① 应当根据这个逻辑,来看高等师范学校或国立行政学校等按照社会出身的属类和过去学习成绩分类的考生入学统计。正在进行分析的对法国大学校全体学生的调查清楚地表明,如果说高等师范学校和国立行政学校的招生远比大学不民主,而且二者的程度不相上下,只分别有5.8%和2.9%的学生出身于下层阶级(而大学文学院为22.7%,法学院为17.1%),那么数量远远领先的出身于富裕阶级的学生(高等师范学校为66.8%,国立行政学校为72.8%)则揭示了更为细微的分析所需的差异:高等师范学校学生中有18.4%的大中学教师子弟,国立行政学校则为9%;高级职员的子弟在前者占4.5%,在后者占10.9%……。另外,两所学校学生过去的学历表明,学生过去的成功(用中学毕业会考的优良率衡量)越明显,高等教育越能成功地把他们引向最能表现它特点的方向(比如高等师范学校)。更深入的分析,请见布尔迪厄等即将发表的《大学校系统与统治阶级的再生产》(*Le système des grandes écoles et la reproduction des classes dominantes*)。

② 尽管这一分析只提到了把教师的实践和理论特点与他们的出身、阶级属性及在学校和知识界的地位联系起来的某几种关系,它还是和下面将要遇到的分析(第四章,第212—216页)一样,应当能够避免把前面对法国教师职业实践的描述(第二章)当作本质性分析。

系列“产品”的外部要求中，找到了通过使这一要求服务于参照其他社会阶级的利益和理想确定的另一种社会功能，使为竞争而竞
179 争的传统永续下去的机会。这个传统是从 18 世纪耶稣会学院那里继承下来的，这些学校当时把竞争作为一种以青年贵族为对象的教育所特别重视的工具。[1] 法国大学总是试图超越竞试的技术功能，根据规定的录取名额，以不值一提然而又具有决定意义的四分之一分难以估量的作用为基础，庄严地在中选者中排出名次。人们应该注意到，大学界在它往往对职业起重大影响的评价中，对在青春期结束时通过的入学竞试中取得的名次，甚至对大学校或重大竞试“第一名”的资格这个位于等级里的等级中的第一名的重视。韦伯指出，撇开儒家关于士的传统不谈，帝国政府官僚职位的技术定义不能使人明了科举考试竟然能赋予诗词这样的一种地位。同样，要想理解由选择最有能力占据有限数量的专业职位的必要性强加的一种简单的职业选择要求，如何能为典型法国式的分类宗教找到借口，就必须把学校文化放到它得以形成的那个社会环境当中，即自我保护和自我封闭的微型宇宙中去考虑。在这个环境中，通过对竞争进行系统的、使之具有魅力的组织，通过在游戏和工作中都很流行的学校等级制度的建立，耶稣会制造了一种**等级人**(homo hierarchicus)，把贵族对“荣誉”的崇拜按先后顺序转化为在上流社会的成功、文学上的成就、学校里的荣誉。

但是，如果不解释为什么指定职位继承人的权利通过建立

---

① 见涂尔干：《教育思想的演进》，第二编，第 69—117 页及以后；另见 G. 斯奈德(Snyders)：《17—18 世纪法国的教育学》(*La pédagogie en France aux XVIIe et XVIIIe siècles*)，巴黎，法国大学出版社，1965 年。

在教育系统现行运行过程中完成的功能，通过使人看到允许或促进来自系统本身功能的属性趋势得以表现的那些历史条件能 180 够继续存在，那么这一解释就不能说明任何问题。当涉及解释法国系统特有的宣布等级，并超越纯学校活动的范畴，而且有时反对看来它应当满足的那些最明显的要求，强制推行这些等级的能力的时候，不能忘记考虑下述事实：在教学方法和考试当中，法国系统今天还在把一种最重要的功能赋予队伍的自我永续和自我保护。中世纪大学的考试曾经更公开地为此服务，那时候所有的人都根据是否进入教师队伍或为此做准备的大学来定义：初级学位（加入队伍的资格[inceptio]的低级形式）、教育学士学位（licentia docendi）和由以教师身份进入队伍的仪式所标志的硕士学位。[①] 大部分大学系统与中世纪传统的决裂，比奥地利、西班牙或意大利等和法国一样曾经受到耶稣会教育影响的国家更为彻底。法 181 国教育系统得到了耶稣会赋予的强加学校对等级的崇拜和灌输一种自给自足的、脱离生活的文化特别有效的手段，从而得以完成它普遍化的独立倾向，一直到使它的全部运行能够服从于自我

① 正如我们在关于中学毕业会考的争执当中看到的那样，对各种把认可一个阶段学习结束的称号与进入更高阶段学习的权利分开的企图的抵制，来自课程的一种表象。课程被设计为一个直线轨迹，到教师会考结束是它最完美的形式。对授予“贬值职称”的愤怒拒绝，最近一段时间以来开始趋向于借用专家治国论所称的大学对出路的适应这一说法，它可以毫无困难地与传统主义理论接合在一起。后者主张把纯粹是大学的保险标准扩大到各种能力证书，以保护制造和控制大学“非凡性”条件的手段。对康庄大道的重视是如此之强，致使按照这一逻辑，所有大学的职业和很多没有沿这条路走到底的职业，只能用损失一类的词汇来定义。因此，这样一种系统极易生产一些被大学抛弃的“落榜者”，大学决定了他们与之保持一种矛盾的关系。

永续的要求。① 这种倾向遇到了小资产阶级和资产阶级知识分子阶层的兴趣，雅各宾式的表面机会均等的思想使他们加强了对各种“偏袒”或“任人唯亲”的极大不耐烦。另外，这一倾向能以国家官僚制度的中央集权式结构为依靠。而这一制度通过大量增设由外部人员匿名批改的国家考试或竞试，为学校提供了最好的机会，使人承认它对一种统一等级，或者至少是对可以压缩到同一本源
182 的一些等级的生产和强加的垄断。② 在上面这样的情况下，这种

① 无疑，受耶稣会影响的天主教国家与新教国家之间在知识分子“气质”方面的系统差异，与耶稣会的教育有关。就像 E. 勒南指出的那样：“法国大学过多地模仿了耶稣会枯燥无味的高谈阔论和它们的拉丁文诗句，往往使人想到罗马帝国后期的演说家。法国的弊病是需要夸夸其谈，试图在演说中扭转乾坤。大学的一部分，还通过顽固地坚持轻视知识基础和只重视风格与天资，继续保持着这种弊病。”(《德国人眼里的法国公共教育》，第 79 页)新教对实验科学或文献方面的博学有兴趣，天主教则喜爱文学。那些把一个国家智力生产的主要特点与起支配作用的宗教的价值观联系在一起的人，忽略了分析一个给定类型的学校组织进行的转译在纯教育方面的作用。在耶稣会的“假人文主义教育”和他自己鼓励的“文学精神”中，勒南看到了法国知识分子思维和表达方式的一个基本特征。他阐明了南特敕令(1598 年 4 月 13 日亨利四世宣布新教在法国具有合法地位。——译者)的废除造成的断裂在法国知识分子生活中产生的后果，这个敕令的废除破坏了 17 世纪上半叶开始的科学运动，“扼杀了历史批判的研究”：“只有文学精神受到鼓励，结果从中产生了某种肤浅。而荷兰和德国却几乎垄断了学术研究——部分地是由于我国去的流亡者。从这时候起，就决定了法兰西将首先是一个有思想的民族，一个善于写作更善于言谈的民族。但是，它在对物的认识方面水平不高，暴露出种种只有教育的扩展和判断的成熟才能避免的轻率。”(同上)

② 在教育领域也是如此，大革命和第一帝国的集权行动延长并完成了一种在君主制度下已经崭露头角的倾向。中学优等生竞赛创建于 18 世纪，把每所耶稣会学院里的竞争推广到全国范围，有助于实现该会纯文学的人文主义理想。除此之外，1776 年创建的教师会考由 1808 年的法令重新确立，当时的形式和意义与今天十分接近。这些事实，或者更广泛地说所有属于教育系统历史的东西，之所以几乎总是不被人知，是因为它们戳穿了一个共同的表象。这种表象把大学的集中化压缩为官僚制度集中化的一个方面，硬说法国教育系统最明显的特点来自拿破仑的中央集权。人们忘记了教育系统从其自身的灌输功能那里得到的一切，不知道信息及其传播工具的标准化的基

独立化倾向便找到了自己全面实现的社会条件。

在法国教育系统中,竞试是考试的最完美形式(大学的实践总是试图把考试当作竞试来对待)。招聘中学教师的竞试——教师会考,和中学优等生竞赛及高等师范学校入学竞试——两个提前进行的招聘竞试一起,构成了典型的三件套。大学在这个三件套中使自己得到完全承认,而其他所有竞试和考试只是这个三件套远近程度不同的流溢或变形程度不同的翻版。[①] 大学教师队伍强迫人们普遍承认大学称号价值的意图,尤其是强加教师会考这个 183
最高称号的绝对至高无上地位的意图,从来没有像在压力集团的作用中表现得这样明显。会考教师协会只是这些压力集团最不秘密的代表。这些集团向这个具有严格学校意义的称号,成功地提供了无法与法律定义相比的实际承认。在各种情况下,这样的事例屡见不鲜,会考教师和高等师范学校毕业生的称号的职业效益都得到肯定,被视为教师队伍自行加聘的半官方标准:在文学院的教授和副教授中(且不说占教师队伍48%的助教和讲师),将近15%

(接上页)础和纯教育功能(甚至像在英国这样的行政方面高度分权的教育系统中,也可以看到教育的一致化)。再具体点说,就是人们没有抓住聪明地养成的与大学官僚制度保持的距离在纯教育方面的功能和作用。这个功能和作用是各种教育实践,特别是法国式传统教学法的组成部分。这样,比如对官方教学大纲可以采取的明显和人为的自由行为,对行政部门及其纪律的卖弄式反抗,再扩大一些,就是所有旨在从对管理的轻视中得到上帝恩赐效果的方法,只是因为它们在可以使教师以最小代价来表现与文化的有教养关系的同时,有助于肯定和强加完成灌输所必需的教育权威,所以才受到制度的允许和支持。

① “记得在把作业还给未来的德沙利将军时,我对他说:‘这是一份达到教师会考水平的卷子。’”(R. 布朗夏尔[R. Blanchard]:《我发现大学》[*Je découvre l'Université*],巴黎,法雅尔出版社,1963年,第135页)

184 的人没有理论上要求的博士学位，但他们基本上都通过了教师会考，其中23%的人毕业于高等师范学校。如果说，最杰出的文化人是高等师范学校毕业生会考教师博士，即现在或未来的巴黎大学教授，这是因为他集中了定义大学所生产、促进和保护的非凡性的全部称号。在教师会考时，大学制度如果能够像被自己的重新解释外部要求的倾向所裹挟的那样，一直走到否认这一要求的内容，也绝非偶然。这样的情况并不罕见：为了预防永远存在的“水平降低”的危险，教师会考竞试委员会把“质量”的重要性和被视为外行干预的招满全部名额的必要性对立起来，并且通过和过去年份相比，在某种程度上建立一种能提供标准会考教师，或者最好是提供会考教师精华的竞试中的竞试。这就要以拒绝一些手段为代价。这些手段能够以理想大学的自我永续的名义，使实在的大学永存。① 要想完全理解教师会考的功能性意义，就应当把这个制度重新置于考试所经历的，或者更确切说考试形成的系统所经历

---

① 保持并表示学校等级的绝对独立性的愿望，通过众多的迹象表现出来：有的倾向于把绝对价值赋予所给的分数（一直到荒谬地使用小数），有的一直倾向于比较这一年和那一年的分数、平均分、最好和最坏的试卷。比如，在1959年《教师会考女生语法考试报告》（第3页）中，有一个1955—1959年招聘名额、复试人数、录取人数的统计（从中可以看到录取人数总比为竞试提供的名额少一半左右），并附有复试第一名、复试最后一名、录取的第一名、录取的最后一名精确到小数点后两位的平均分。统计表下面有这样一段话：“不能说这次竞试留下了令人振奋的印象……1959年的考试不乏一些在知识或文化方面饶有趣味的好文章，但是数字本身勾画出一个不能使人兴奋的下滑……1955年以来，最后一名复试者和最后一名被录取者的平均分都从来没有这样低……因时代的不幸，由于不仅影响到法国本土的招聘危机的原因，我们才认为有关（录取）名单的延长是合法的……让人担心的是，供需法则的残酷作用，导致了可以改变中等教育精神的、一定程度的水平降低。”可以很容易地援引更多类似的言论，它们的每个字都蕴含着整个大学思想。

的变化的系统之中。在一个由自我永续功能起支配作用的学校系统中，最杰出的学位如果真的与给人以教师身份进入最具代表性的一类教育，即进入中等教育的机会的考试相对应，那么就应当说，在每种历史背景下，最重要的考试的地位价值就在理论上和实际上都落到了占据着最能象征这一功能的地位的考试头上。在大学的历史上，它们先后是博士学位、学士学位，最后是教师会考。尽管博士学位表面地位最高，但教师会考由于它与中等教育的关系和招聘考试的特点，便不仅在人们思想上占有分量，而且在职业生涯的组织中，更广义地说就是在大学的运行过程中，有着影响。[①] 一切就这样进行着，似乎学校系统利用了考试制度的每个新情况为它提供的新的可能性。这些新情况来自一种现行考试的复制过程，以向学校表现同样的客观意义。

假如把大学的现状当作一系列不协调和不连贯的事件偶然达到的结果——其中只有对过去的幻想能使人看到系统和历史遗产之间事先已经建立的和谐的影响——，就是不了解教育系统的相对独立性所包含的意义。学校的演变不仅有赖于外部的约束力量，而且有赖于自身结构的一致性，即对事变的抵御力，以及根据一种逻辑来选择并重新解释偶然事件或影响的能力。从一个由专家队伍服务的专业化机构承担了灌输一种从过去继承下来的文化的功能那一刻起，这种逻辑的普遍原则便已给定。于是，一个相对

① 涂尔干已经提醒人们注意“我们国家的这个特点”：既是由于它所强加的组织形式，也是由于它所传播的精神，中等教育从一开始就“或多或少地把其他层次的教育合并到了它那里，并且几乎占据了全部的位置”（《教育思想的演进》，第一编，第 23—24 页及 137 页以后的部分）。

独立的系统的历史，看起来就像系统形成过程的历史。系统根据把它定义为系统的那些标准，使这些过程经受约束以及偶然发生的革新。①

考试与没有考试的淘汰

要想理解教育系统来自其自身功能的运行特点，就必须承认它在面对外界需求的情况下，要求并成功地加以保持的独立性。
186 不过，如果按字面意思理解它的声明，人们就会放过外部功能，尤其是学校的选择和等级化总是额外完成的社会功能。即使当这些功能看来只服从于教育系统本身的逻辑，甚至本身的病理学的时候，教育系统也在完成着这些功能。所以，比如表面上纯粹属于学校的对等级的崇拜，在学校里的等级——不管是学位、称号的等级还是学校、专业的等级——一直从它们试图再生产(取该词的双重含义)的社会等级中得到某些东西的情况下，总是有助于保护社会等级并促进它的合法化。因此，应当问一问，留给教育系统的，不顾经济系统最明确的要求而使自己的要求和等级占上风的自由，是否是对它的一些隐蔽性服务的补偿。它通过掩饰以技术选择为外衣的社会选择，通过将社会等级变为学校等级从而使社会等级的再生产合法化，为某些阶级提供了这种服务。

事实上，要想推测考试的功能不会化约成它为制度提供的服

① 以上对法国学校系统的分析并非追求别的什么，只是为了说明一种能在特殊情况下解释考试作用和方法的内外因素的特殊结构。必须研究，在其他国家大学系统的历史中，因素的不同成形过程是如何定义不同倾向或不同平衡的。

务，更不会化约成它为大学教师队伍带来的好处，只需要看到在学
习过程的不同阶段受到排斥的大部分人甚至在考试之前就已经自
我淘汰，只需要看到被公开进行的选择所掩饰的对这些人的淘汰
比例随社会阶级的不同而不同。在所有国家，用升学概率（用每个
社会阶级的儿童在过去成绩相同的情况下进入一个给定教育阶段
的比例来计算）测量到的各阶级之间的不平等，远远高于用成功概
率测量到的各阶级之间的不平等。[①] 这样，在学习成绩相同的情
况下，下层阶级出身的学生在中等教育面前“自我淘汰”的可能性 187
就更大。因为他们宁可拒绝进入中等教育，也不愿意进去之后再
从那里被淘汰出来，更不愿意被一次考试失败的明确惩罚所淘
汰。[②] 另外，在一个阶段向一个阶段过渡的时候没有被淘汰的人，
进入那些达到学业最高程度的机会最少的方向（学校、专业）的可

① 尽管学习成功和进入中学第一年的比例都受到社会阶级的严格制约，但进入中学第一年的比例总的不平等，更在于学习成绩相同情况下入学率的不同，而不是学习成绩的不同（P. 克莱克［P. Clerc］：《六年级入学时学业方向的新数据》［Nouvelle données sur l'orientation scolaire au moment de l'entrée en sixième］，II，《人口》［*Population*］，1964 年 10—12 月，第 871 页）。同样，对不同社会出身和学习成绩的人从一个阶段升入另一个阶段的统计表明，无论是美国还是英国，从严格的意义上讲，淘汰不是学校本身的事情（R. J. 哈维格斯特［R. J. Havighurst］与 B. L. 钮加藤［B. L. Neugarten］：《社会与教育》［*Society and Education*］，波士顿，艾琳和培根出版社，1962 年，第 230—235 页）。

② 见 R. 路特（Ruiter）：《荷兰高层次教育中学生过去和未来的流动》（*The Past and Future Inflow of Student into the Upper Levels of Education in Me Netherlands*），经济合作与发展组织，DAS/EIP/63；亦见 J. 弗拉德（Floud）：《社会阶级在学业完成中的作用》（Rôle de la classe sociale dans l'accomplissement des études），《智能与教育》（*Aptitude intellectuelle et éducation*），A. H. 赫斯黎出版社，巴黎，经济合作与发展组织，1961 年；亦见 T. 胡森（Husen）：《教育结构与能力开发》（La structure de l'enseignement et le développement des aptitudes），第 132 页，关于瑞典不同社会出身和学习成绩的学生在非中学生中的百分比。

能性更大。因而在大部分情况下，当考试似乎要淘汰他们的时候，只需把放逐到二流专业导致的另一种自我淘汰认作延迟淘汰。

“过关者”和“失败者”之间的对立，成为一种把教育系统展望为选择当局的幻想的本源。通过考试的选择在全体考生内部分成的两个部分之间的这种对立，建立在现在的或未来的考生直接的或间接的、当前的或过去的经验之上。它掩盖了全部考生和他们的补充部分（即全部非考生）的关系，从而排除了遮掩起来的对考试公然加以选择的那些人的选择标准的疑问。很多对被设计为持
188 续选择（中途淘汰[drop out]）当局的教育系统的研究，当它们以一个阶段的入学者和成功的毕业者的关系为目标，忽略了审查一个阶段的毕业生和进入下一阶段者之间的关系时，只是重新抓住了自发社会学关注的上述对立。为了解释后一种关系，只需采取这样一种观点来看待整个选择过程：如果教育系统不把自己的观点强加给被判处立即或延迟自我淘汰的社会阶级，那么采取的这种观点就将是这些阶级的观点。使人对这一盖然判断的颠倒提出异议的，是它除了一种简单的逻辑转化之外还需要更多的其他东西。考试失败率的问题之所以突显（人们应当想到调整中学毕业会考及格率所导致的轰动），是因为有条件提出这一问题的人，属于对他们来讲淘汰危险只能来自考试的那些社会阶级。实际上，可以通过若干种方法放过不同社会阶级不同的学校死亡率在社会学方面的意义。受专家治国论影响的研究，只是在一部分进入某一阶段的学生在学完之前被淘汰造成明显的经济代价时，才注意这个问题，然后就立即把它化约为开发“无人照管的智力储备”这个名不副实的问题。人们甚至可以掌握每个阶段毕业的人和进入

下一个阶段的人的数字比例，发现处于不利地位阶级的自我淘汰的影响和社会意义，而不超越用“缺乏动机”进行的否定解释。由于没有分析作为选择、淘汰和以选择掩盖淘汰的当局的教育系统的运行和功能对下层阶级成员在学校面前顺从地辞职的影响，人们就只能在表明不同社会阶级在不同层次和不同类型的教育中的比例不同的入学机会统计中，看到根据其表面数值考虑的学习成绩和来自社会出身的一系列优势或劣势之间的一种孤立关系的表 189
象。总之，由于没有从阶级关系结构和教育系统之间关系的系统出发进行解释，人们就会面对理论方面的取舍，它意味着表面最为中立的科学选择。就这样，一些人可以不考虑不平等在教育系统逻辑中的特殊形式，把它化约为给定的社会不平等；一些人则试图把学校当作一个王国中的王国来对待。后面这类人，或者像考试学家那样，把考试面前平等问题与评分标准化问题，或使它们的方差平等化问题连在一起；又或者像某些社会心理学家那样，用教育关系的“民主化”来鉴别教育的“民主化”；又或者像许多过于急躁的批评家那样，把大学的保存功能简化为大学教师的保守主义。

学生中入中学之前或上中学期间就自我淘汰的那部分人，并非偶然地分布于不同的社会阶级，在解释这个问题的时候，只要没有看到特性只是在与教育系统的关系中并通过这一关系才**如此这般地**出现在社会阶级当中，即使是把个人特性同样地归在一个属类的所有人身上，人们也会利用这些个人的特性来进行解释。甚至当选择行动以被“感召”的力量或被对无能的承认强加的面目出现的时候，使儿童不进入某个教育阶段，或使其服从被放逐到某种地位低下的学业当中的每一次单独选择行动，也还是考虑到他自

己的社会阶级和教育系统之间的客观关系的整体（这些关系在这次选择之前就存在，在它之后继续存在）。因为，一种学习前途，只有在它成为本阶级或本属类的客观的和集体的前途时，对一个给定的个人来说才具有或大或小的可能性。因此，不同阶级出身的人社会迁升的客观机会的结构，更确切地说，是通过学校得以迁升的机会的结构，制约着对学校和对通过学校得以迁升的态度。而
190 这一态度，则又对确定入学机会，接受学校标准并得以成功的机会，因此也就是社会迁升的机会，起着决定性的促进作用。[①] 这样，一个阶级进入这类或那类教育的客观可能，便不只是不同阶级在相关教育中不同比例的表现。后者只是一种简单的数学统计，通过它只能较为具体或者较有说服力地评价不平等的程度。一种理论的建立提供了解释这些不平等的最有力的原则之一：导致一个人自我排除的主观期望直接依赖于决定他的属类成功的客观机会的那些条件，因此它重视有助于客观可能性实现的那些机制的数量。[②] 主观期望被设计为按照由整个客观关系系统指挥的一个

---

① 在这里使用的语言中，主观期望和客观可能相区别，一个作为有关人员的观点，一个作为科学的观点。后者通过一种受到保护的观察，找到了客观的规律性。在这里进行上述社会学区分（他和某些统计学家对先天概率与后天概率的区分毫无共同之处）的目的，是要指出客观规律性以主观期望的形式内化，而主观期望则表现在有助于客观可能实现的客观行为之中。然后，人们便根据是接受了从结构出发解释实际的观点还是接受了从实际出发预测结构再生产的观点，决定在这个辩证法中给第一种或第二种关系以特别重视。

② 在一种内化过程结束时，生存条件中客观存在的机会变成了主观的期望或失望。要想了解对这一过程的逻辑的分析，或者更广泛地说了解上面提到的机制，请见布尔迪厄：《保守的学校，学校和文化面前的不平等》（L'École conservatrice, les inégalités devant l'école et devant la culture），《法国社会学杂志》，1966 年第 7 期，第 333—335 页。

过程进行的客观条件内化的产物，这一内化在客观关系当中完成。主观期望这个概念的理论功能是，确定不同关系系统的交点，它们既包括联系教育系统和阶级关系结构的关系，同时也包括客观关系系统和禀性系统（精神气质）之间的关系。每个社会因子（个人或集团）在自我限定时，总是参照限定它的那个客观关系系统，甚至在它本身不知道的时候也是如此。在这样的情况下，禀性系统
形成了每个社会因子的特点。用主观期望和客观可能之间的关 191
系，即用两个关系系统之间关系的系统来解释，可以从同一本源出发，既利用幸存者对教育系统的态度的特殊方式，说明下层阶级的学校死亡率或者这些阶级的一个部分的幸存率，又根据不同社会阶级在一个给定学习阶段中永存的可能或不可能的程度，说明他们的学生对工作或成功的态度的变化。同样，下层阶级的入学率之所以也像其他阶级的入学率那样随地区不同而变化，住在城市以及与之相联的相互了解的集团的社会异质性，之所以与下层阶级的入学率比较高有关，是因为这些阶级的主观期望从来没有脱离相互了解的集团所特有的客观可能（考虑到它包含的参照集团或向往集团）。至少在参照集团或向往集团的客观可能与本阶级的客观可能之间的差距不至于大到使人放弃各种认同的企图，甚至加强对排除的顺从（“这不是为我们准备的”）的情况下，这有助于增加这些阶级的学习机会。①

① 为了说服自己，认为这个抽象外表的示意图包含了最具体的经验，可以去读《埃尔姆斯汤的青年时代》所描述的学校生活经历。从中，人们将看到，属于一个同辈集团，是如何——至少在一定程度上——影响对与阶级属性有关的机会的估计的（见A. E. 霍林斯黑德[A. E. Hollingshead]：《埃尔姆斯汤的青年时代》[Elmstown's Youth]，纽约，约翰·威利出版社，1949 年，第 169—171 页）。

192 根据这种情况，要想完全说明教育系统当中进行的或参照这一系统进行的选择的过程，就必须在学校法庭的明确决定之外，还要考虑到当下层阶级进入那些摆脱考试的否定判决机会最少的方向时，他们通过立即自我淘汰或注定最终被淘汰，使自己接受了缺席审判或缓期执行。初看起来，理科高等教育里的成功似乎不那么直接地依赖于对继承的文化资本占有的情况，它是中学开始时接收下层阶级儿童最多的那些方向不可避免的目的地。这只是表面上显得矛盾，实际上理科高等教育在招生时并不比其他专业更加明显的民主。[①] 事实上，除去与语言和文化的关系在中等教育，甚至高等教育(程度可能低些，但公开性也少些)期间一直受到注意之外；除去对抽象运算在逻辑和符号方面的控制，更确切说是对复杂结构的变化规律的控制，随在家庭中学到的对语言实际控制的类型及语言的类型变化之外；学校系统的组织与运行还按照多种编码，持续地把社会方面的不平等转化为学校方面的不平等。既然在学习过程的所有阶段，学校系统都在各种专业或学科之间建立了一种实际的等级，比如理学院是从纯数学到自然科学(文学院则是从文学与哲学到地理学)，即从被视为最抽象的到最具体的智力活动；既然这一等级在学校组织方面转化为中等教育机构的
193 等级(最高是国立中学，中间是市立普通教育学校和市立中等教育学校，最后是市立技术教育中学[②])和分科的等级(从古典班到技

① 见M. 德·圣马丹(M. de Saint Martin)：《理科教育中区分性的淘汰与选择的因素》(Les facteurs de l'élimination et de la sélection différentielle dans les études de sciences)，《法国社会学杂志》，IX，1968年专刊，第二卷，第167—184页。

② 后面三者皆为当时法国的大众性中等教育机构，分别缩写为CEG、CES、CET。——译者

术班)；既然学校和专业的这种等级通过学位等级与学校等级之间的对应与教师社会出身的等级密切相联；既然不同的方向和学校，根据学生过去的成绩和各阶级对不同类型的学业及学校的不同社会定义，对不同社会阶级的学生具有很不相同的吸引力；那么我们就可以明了，不同类型的课程只能使进入高等教育的机会很不平等。随之而来的是，下层阶级的学生进入中等教育的代价是被放逐到某些机构和专业之中。这些机构和专业是陷阱，它们以同质的表面为伪装，把这些学生吸引过来，使他们在学校中面临一种被大砍大删的命运。[1] 这样，作为延迟淘汰的机制，各阶级的学习机会与不同专业和学校提供的以后成功的机会的结合，便把一种社会方面的不平等变成了一种纯粹是学校方面的不平等，即变成了
在学校里掩盖并促进进入最高层次教育机会不平等的一种"水平" 194
或成绩方面的不平等。[2]

① 1961—1962 年，法国国立中学六年级(目前该名称还包括了一些水平差异很大的学校)有 20.3%的工人子弟，市立普通教育中学为 38.5%；而高级职员和自由职业者的子弟在二者中分别占 14.9%和 2.1%(他们在私立学校中的比例很大)(见《统计信息》[*Informations statistiques*]，巴黎，法国教育部，1964 年 1 月)。另外，国立中学和市立普通教育中学学习过程中的淘汰，加剧了下层阶级比例的不足(见同一资料)。而且，这两类学校的水平差距是如此之大，以至于对那些初中毕业后选择了升学的人来说，进入在教师队伍、精神状态和社会成分方面都很不一样的国立中学二年级(la seconde，即高中第一年。——译者)这样一种机构并且去适应他，既是前途未卜，也是充满艰辛。

② 人们可以理解与成功的客观可能性相联的主观期望本身的影响，在进入一种受贬的专业或学校所产生的"泄气"作用当中，与一种专业或一类学校联系在一起。我们发现，在测验成绩都合格的情况下，进入文法中学的儿童不管社会出身如何，分数都要高一些，而进入现代中学的学生则成绩比较差(英国高等教育委员会：《首相任命的以罗宾斯勋爵为主席的委员会的高等教育报告》[*Higher Education Report of the Committee Appointed by the Prime Minister under the Chairmanship of Lord Robbins*]，1961—1963 年，HMSO，伦敦，1963 年)。

有一种反对意见认为，中等教育招生的民主化有助于降低自我淘汰的比例，因为下层阶级进入中等教育的概率近些年来明显提高。对此，我们可以利用统计加以反驳。对来自不同学校或科别的学生进入高等教育的统计表明，地位高的学校的地位高的科别和二流的中等教育之间，在社会和学校方面存在着对立。这种对立以一个更为隐蔽的形式，使国立中学与小学高级班[①]之间长期以来的区别得以延续。[②] 如果为了完成它的保存功能，教育系统确实必须把入学机会伪装为成功机会，那么它压缩小学结束时自我淘汰的比例并把它留给延迟淘汰或通过一次考试进行淘汰的作法，只能有利于更好地完成它的保存功能。矛盾的是，那些以

195 “社会利益”为由抱怨“学校废料”造成经济浪费的人，忽略了以此为代价换取的东西，那就是社会秩序试图在时间中加以延长，从而进行掩饰的利益——对下层阶级的淘汰。

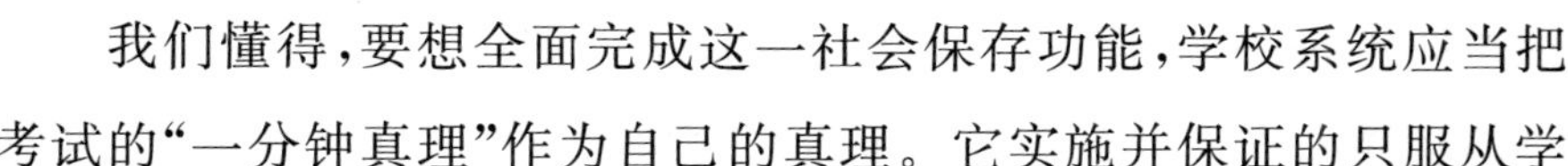

我们懂得，要想全面完成这一社会保存功能，学校系统应当把考试的“一分钟真理”作为自己的真理。它实施并保证的只服从学

① 1959年改革之前存在，为初中水平的小学“戴帽”班，基本没有升高中的机会。——译者

② 人们经常描述，由于高等教育机构的多样化，美国学校系统如何能“温和地淘汰”(cooling out function)那些没有达到“真正学业”标准的人，把他们悄然无声地推向“停车道”，而教育机构和工作人员却把这些作为可以引向相应职业的方向(alternative achievements)来介绍(B. R. 克拉克[B. R. Clark]:《高等教育的温和淘汰功能》[The Cooling Out Function in Higher Education]，《教育、经济与社会》，A. H. 赫斯黎[A. H. Halsey]、J. 佛鲁德[J. Floud]和C. A. 安德森[C. A. Anderson]，纽约，自由出版社，1961年)。同样，尽管法国大学的组织在制度方面有同质性外表(各地区国立中学、学院和大学的相似性或不同科别的中学毕业会考法律上的平等)，但它的趋势是越来越利用存在于整个教育系统当中的、暗含的和伪装起来的等级，使被它放逐到“没人要的”专业里的大学生“逐步辞职”。

校公正标准并由此在表面上无可指摘的淘汰，通过被录取与未被录取之间的对立，掩盖了考生与教育系统事实上已经从考生数量中删除了的那些人的关系，从而掩盖了学校系统的功能的完成，并由此掩盖了教育系统和阶级关系结构的关系。根据按教育系统要求的那样去理解它的自发社会学的方式，很多学者的分析把同样的孤立化加在自己头上，重视考试逻辑本身，只考虑在一个给定时刻处于系统当中的人，而排除了已经被排除出系统的人。可是，仍留在系统中的每个人至少客观地与他们出身的整个社会阶级保持的关系，支配着他与系统保持的关系并赋之以形式。他的行为、能力、对学校的态度带有他过去整个学业的印迹，因为这些东西的特点来自他仍留在系统内这个教育阶段和这个专业的可能与不可能的程度。在这种情况下，机械地利用多变量分析，会导致否认社会出身对学习成绩的影响——至少是在高等教育阶段。比如，下面
的情况就是一种借口：当分别考虑受过古典教育或现代教育的两 196
类大学生中的每一类时，社会出身与学习成绩之间的最初关系已不复存在。[①] 这就是不了解这样一种特殊逻辑：在连续选择过程中，社会方面的有利与不利逐渐转化为学校方面的有利与不利。更确切地说，这就是忽视了那些接替了社会出身影响的纯学校性特点，比如学校类型和中学第一年的类型。要想观察大部分情况下社会等级中的地位与学校中的成功之间关系的消失甚至颠倒，只需要比较两个方面：一个是集中了对他们出身的阶级来说可能性最小的特点的那些大学生的考试成功率，比如来自巴黎一所大

---

① 关于“多变量的谬误”，见本书第 84 页注。

型国立中学的学过拉丁文和希腊文且成绩优秀的工人子弟大学生的成功率（如果这样定义的属类不是不存在的话）；一个是具有同样特点的，但属于这些特点对它来说可能性最大的一个社会阶级的那些大学生的成功率（比如出身于巴黎资产阶级的大学生）。[①]不过，只要不把发现的关系重新放回到关系及其在连续选择过程中的变化的完整系统中去，发现的情况仍然没有意义，甚至还会导
197 致得出荒谬的结论。在连续选择结束时形成的这种不可能性的组合，把例外的成功赋予了通过了一系列过度选择的集团。学校的所有学生是根据同样特点进行的一系列选择的产物。如果愿意的话，也可以说是在有关变量方面（即首先是社会出身、性别或者居住地点）一系列变相的偶然机遇的产物。除去能掩盖在选择面前的不平等的选择的不平等之外，如果人们不想恢复区分性选择在被选中者当中铸成的不同态度的本来面目，那么对一个给定时刻发现的学生群体中各属类学生特点之间关系的分析，哪怕是多变量分析，也只能说明一些虚假的关系。实际上，人们把自己封闭在

① 对中学优等生竞赛优胜者在社会和学校方面的特点的考察，是对这种分析的典型说明。这些学生和高中毕业班的全体学生不同，他们有一整套系统的社会优越条件。这些人是通过两个层次的选拔才从高中毕业班脱颖而出的：首先是学校指定自己最好的学生参加竞试，然后是评选委员会再从参赛者中挑选。优胜者年纪比较小，往往来自巴黎地区的国立中学，而且大多从中学第一年起就在国立中学读书。无论从社会地位来看，还是从文化资本来看，他们都属于处在更有利地位的阶层。更确切说，一个给定属类（社会阶级或性别、年龄组等统计属类）越是没有机会在优胜者中占有比例，来自它的优胜者就越缺乏这个属类的整体在人口、社会和学校方面表现出来的特点（而且相反，他们越表现出这个属类所少有的特点）。另外，越是在地位高的专业中，比如法文而不是地理，这种情况就越突出（如果想了解更深入的分析，请见布尔迪厄和M. 圣马丹合写的《学校精英与法国教育系统的价值观》[L'excellence scolaire et les valeurs du système d'enseignement français]，《年鉴》，第一期，1970 年 1—2 月）。

同时性之中，被迫把一系列可传递的条件概率当成了在学习过程的每个时刻都不会被重新定义的绝对概率的整体。在这个传递过程中，初始概率逐步被说明和限定。在目前情况下，它的最明显标志，是不同社会阶级出身的人进入中等教育不同科别的概率。这样，人们就无法全面理解不同大学生属类特有的态度。只有根据占据被人占据的地位的，即占据决定“神助者”或“继承人”的主观经验客观结构的地位的可能性或不可能性，才能理解诸如资产阶级出身的大学生的浅尝辄止、镇定和使学习不再神圣化的自如，或者下层阶级出身的大学生的紧张奋斗和对学习的现实主义这些“态度”。总之，在曲线的每一点上被人抓住的，是曲线的斜率，即整个曲线。[①] 如果一个人与学校及其传递的文化的关系，真的根 198
据他在系统中继续生存的可能性，程度不同地表现为“自如”“出色”“自然”“吃力”“紧张”或“悲惨”；如果人们知道教育系统和“社会”在它们的判决中对与文化的关系和对文化同样地重视；人们就会看到在不求助于生产最持久的学校和社会差异的本源的情况下无法解释的一切。这个本源就是**习性**，它能生成并统一行为与思想，同时也是解释它们的本源。因为，它有助于在学校生活或知识分子生活的每个时刻，再生产它作为产品的客观条件系统。

这样，一种对考试功能的分析，意在与自发社会学，即与教育

① 很明显，必须防止把一种对他们自己的经验真相的绝对明晰赋予这些人。他们的实践可以随他们在教育系统中的地位调整，即不直接根据别的什么东西，只根据系统提出的、对他们在系统中存在的客观条件的重新解释加以调整。在这种情况下，当“神助者”对学校的态度表现为客观地（但间接地）根据阶级的客观机会加以调整的时候，他的自觉表象和他的讲话便能以不断出现的神迹的令人高兴的形象为主要本源。而这种神迹是通过愿望的力量得到的。

系统企图为其运行和功能提出来的假象决裂。它导致,用一种将淘汰机制作为理解教育系统运行与阶级关系结构永续之间关系的有利的场所而进行的系统研究,取代仍为考试的隐蔽功能服务的、
199 从考试学角度对考试进行的考察。考试使为数不多的候选人中的中选者从被选中一事中看到对一种价值或一种“天资”的证明——由此可以假设他们比别人更讨人喜欢。同时,考试引导自我淘汰的人把自己等同于考试失败的人。所以,什么也没有比考试更能启发所有的人,承认他们使之合法化的学校判决和社会等级的合法性。只有揭露考试掩盖没有考试的淘汰的这种功能,才能完全理解为什么作为明显的选择方法的考试运行过程中的那么多特点,仍然服从制约它所掩饰的淘汰的那种逻辑。知道了在纯学校逻辑中转化并说明统治阶级价值观的暗含标准对主考的判断的全部影响以后,便会看到,这些价值观越远离考生出身的阶级的价值观,考生所要克服的障碍就越大。① 在一些考试中,阅卷人必须使用传统评分艺术的暗含的和不具体的标准,阶级倾向性比在任何时候都更为明显。比如作文或者口试,就是以社会感觉的不自觉标准为工具对整个人进行整体评价的机会。这些人的道德和智力水平,是通过最细微之处来体现的:风格或举止、口音或口才、姿态或手势,甚至服饰和化妆。更不必说国立行政学校入学竞试或中

① 在极端情况中,医学院的竞试十分明显地揭示了其他地方见到的特点:或者是极端重视被设计为本阶级自行加聘的选择的功能,或者是强调修辞学的作用(它不仅涉及语言,而且涉及手势,如果可以说的话,它还涉及姿态),或者是人为地按过去不同学业不可逆转地划分等级(H. 加姆斯[H. Jamous]:《对一种决策社会学的贡献》[*Contribution à une sociologie de la décision*],巴黎,CES,1967 年,第 86—103 页)。

学文学教师会考等考试的口试了，它们几乎明确地要求使用暗含标准的权利，不管是资产阶级的自如和高雅，还是大学要求的优美声调和良好举止。[①] 正像马塞尔·普鲁斯特指出的那样："在电话 200
里，我们发现音调变了。只要音调不离开那张人们使自己表情具体化的脸，我们就不能辨别它的细微变化。"对主考的混合式评价的实验性分解也是如此，它本身就能揭示社会标志系统对考试时所作评价的全部影响。社会标志系统构成了考生"存在"或"微不足道"感觉的客观基础。但是不应该相信，评价标准和评价技术的表面合理化能够使考试放弃它的社会功能。考试学家不知道的似乎正是这一点。主考们由于不能在评价标准方面和自己取得一致，所以在他们之间也无法取得一致。在被主考的这种双重易变性所吸引的情况下，考试学家忘记了不同的法官最终可以就一些有共同倾向的判决达成一致。因为如果他们在决定评分的所有社会和学校特点方面有共同认识，他们的评价就能以相同的暗含标准为基础。通过把人们的注意力吸引到考试形成的这个不合理性

① 要想使人看到主考们是如何把最具技术性的考试变成了伦理方面的神意裁判，这样的事例俯拾皆是。"考试，尤其是口试，在我看来关系到极为复杂的品质。如果在评价纯粹意义的智力的同时，还评价风雅、正直、谦逊，这就是一个个性在试图理解另一个个性"（C. 布格雷[C. Bouglé]:《第三次考试会议》[*Ⅲ rd Conference on Examinations*]，第 32—44 页）。"像我们这样的竞试，不仅是一种技术性考试，也是对道德和思想是否正直的检验"（《教师会考男生语法考试》，1957 年，第 14 页）。"在分析了文章和通过分析准备好翻译之后，剩下的是把道德品质和技术知识同时翻译成希腊文。道德品质可以包括勇敢、热情等，它们集中于正直。人们对文章负有义务，应当顺从它，不应当弄虚作假"（《教师会考男生语法考试》，1963 年，第 20—21 页）。用修饰道德堕落的语言形容技术性错误的做法屡见不鲜："可耻的假献殷勤""下流""邪恶的聪明""思想懒惰""奸诈的谨慎""不能容忍的轻率"或者"恬不知耻的庸才"。

的庇护所上来，考试学家突出了公平思想与选择过程实际二者之
201 间的不一致。但是，由于没有对如此“不合理的”方法的社会功能进行反省，他们仍然能使人相信，评分的合理化足以使考试服务于学校和考试公开宣称的功能，从而还是促进了考试上述社会功能的完成。[①]

在这种情况下，要想使考试尽量完美地完成将文化遗产合法化，并由此将已经建立的秩序合法化的功能，只需要数目庞大的大学教师对全国性的密封姓名的竞试寄予的雅各宾式信任，能使自己转换成具有科学性和中立性外衣的测量技术。表面无可指摘的测验，声称能测量人在一个给定时间占据职业岗位的能力。但它忽略了一点，那就是不管人们多么早就掌握了它，这一能力都是受社会认可的学习的产物，而且正是最有预见性的测量才在社会方面最不中立。所以，没有什么比测验能更好地为这个**社会神正论**的功能服务。一些人把测验描述成分数至上的美国式民主特有的工具和保障。于是，人们能从这字里行间看到的，便是一个回避“精英循环”和“群众反抗”的社会的新帕雷托[②]主义乌托邦。“可以设想，对能力测验可以作为认可文化和职业地位的标准的信心不断增加，结果将形成一个以能力为基础的但更为刻板的阶级结构。能力的遗传特点，经与严格的选择测验的普遍应用相结合，将

① 由于没有注意主考和考生的社会特点，考试学家从来没有想到过测验一下评分的一致性与主考集团在社会和学校方面的同质性之间的相互关系。同样，由于没有看到教师的自发考试学有它的逻辑和它的社会功能，考试学家没有别的对策，只能在其合理预期在教师队伍中得到的微弱反响面前，表现出懊丧的气愤。

② 帕雷托（Vilfredo Frederigo Samaso Pareto，1848—1923），意大利经济和社会学家。——译者

进一步肯定出身于父母并非天才的家庭的人的处境。考虑到阶级内部通婚的做法，我们可以预料，久而久之，一代人与一代人之间的社会地位的迁升将更为困难。”[①]当这些幻想主义者，把这样一 202
种选择系统不失时机地在那些被迫说服自己的“下层阶级”成员身上产生的“泄气”效应，作为天下最好的三角洲加以描述的时候，当他们成为最后一批人里的最后的人并对此津津乐道的时候，他们之所以会过高地估计测验发现天生能力的能力，是因为他们过低地估计了学校使人相信能力或无能的先天性质的能力。

社会性选择与技术性选择

在这种情况下，一个教育系统越是不可能不知道劳动市场不可能再压缩的要求，它就越能以它生产资格的技术功能掩盖它使阶级差别合法化的社会功能。或许，现代社会能够越来越好地从学校获得越来越多的按上述标准生产并加以担保的合格人才，即越来越能适应经济要求的人。但是，如果任职所要求的最低技术资格的提高，不能据此缩小考试所保证的技术资格与其被人称为证明作用所赋予的社会资格之间的差距，那么对赋予教育系统的独立性的这种限制，就可能更具表面性，而不是真实性。一个符合专家治国论标准的教育系统，至少可以和一种传统系统一样，把一种社会方面的非凡性赋予它通过文凭生产或宣布的学校方面的非

① D. A. 戈斯林（D. A. Goslin）：《寻找能力，标准化测验的社会前景》（*The Search for Ability, Standardized Testing in Social Perspective*），纽约，约翰威利出版社，1966 年。

凡性，而社会方面的非凡性相对独立于利用文凭可以合法占有的
203 岗位所要求的能力在技术方面的非凡性。如此众多的职业岗位，可以被一些只是学校对其认可程度不同的人（在最肯定文凭可靠性的假设范围之内），以不同的职称和不等的报酬占据。对此，我们不可能有其他的理解。所有的组织都要考虑这些“替身”。尽管他们的技术效率使他们成为必需，但由于缺少学校颁发的文凭，他们又被丢在次要岗位上。我们知道，尽管学校标签将人分成不同的行政等级，要求他们完成同样的技术任务（比如不同学校毕业的工程师，或者中学教师中的会考教师，两次取得教师会考复试权者、证书教师、教学助理、代课教师、临时代课教师①等），但这些属类之间还是存在着竞争。从字面上看，“同工同酬”的原则似乎不能解释等级性。即便它可以解释，也是因为一种职业生产的价值总是在社会上被视为与生产者的价值密切相关，而生产者的价值在社会上则随其称号的学校价值变化。总之，一方面是文凭和职业地位之间的明显关系，一方面是能力与地位之间的不确定关系。文凭有助于防止这二者之间建立的关系使能力与文凭之间的关系产生问题，防止由此导致对文凭的可靠性，即对文凭合法性的承认使之合法化的一切产生疑问。这就是现代官僚制度所保护的，它们的组织和等级作为基础的那些原则。这种保护是在下述情况下发生的：这些官僚制度如果不把文凭的合法性及被文凭赋予合法性的全部等级制度置于危险的境地，就不能对由文凭证明的人进行能把他们置于危险境地的测验，所以它们便不为工作人员提供

① 皆为法国中学教师职称，地位依次降低。——译者

学校称号的技术含量，这似乎又与它们最明显的兴趣背道而驰。
“普通文化教育”的首要功能，可以是在实际上和在法律上防止“有 204
教养的人”有一天将被要求从技术上证明他所受到的教养。这种理论所要满足的，仍然是掩饰文凭实际保证的技术资格与它的证明作用提供的社会效益之间的差距的必要性。我们懂得，客观垄断着一种被定义为无法定义的（因为它只能被这个事实上的垄断所客观地定义）与文化关系的那些阶级，事先就准备要充分地从证明作用中得到好处。他们对保护公正文化理论兴趣十足，这种理论在掩盖证明作用的同时使这一作用合法化。[①] 根据同一逻辑，我们便懂得了学习过程的卖弄式浪费的社会功能。这种浪费决定着学习有资格列入普通文化的所有能力的方式，不管是被设计为有必要缓慢进行的对“人文主义”的伦理和逻辑品质有启蒙作用的古典语言学习，还是对文学的或美学的、逻辑学的或数学的所有“形式主义”的刻意训练。

如果每个选择行动必不可少的作用，都是根据劳动市场的要求检查技术资格，根据在教育系统帮助下得以永续的阶级关系结构创造社会资格，总之，如果学校一方面具有生产和证明能力的技术功能，一方面具有保存和认可权力与特权的社会功能，人们就能懂得，现代社会为教育系统提供了许多施展它把社会优势转化为

① “有学士学位，可能是知道或曾经知道罗马历史或三角学的某些基础知识。这无关紧要。重要的是，这个头衔可以使人得到一种比另一种不要求这种文凭的地位更为优越的地位。一切就这样进行着，似乎社会对教育某些方面的功能感到疑惑，应该通过创造诸如普通文化这样的概念，象征性地把棱角磨圆。”（E. 萨丕尔［E. Sapir］：《人类学》，II，巴黎，午夜出版社，1967 年，第 55 页）

学校优势的能力的机会。而学校优势又可以再转换为社会优势，
205 因为现代社会可以使教育系统把学校方面的，因而暗含地也是社会方面的前提，作为从事一种职业在技术方面的前提。[①] 现代大型官僚制度是对准备完成专门任务的专门人才不断增加的需求的发生器。当马克斯·韦伯把选择和招聘手续的一种合理化与这些官僚制度的发展联系起来的时候，他过高地估计了技术功能相对于教育系统或官僚系统的社会功能的独立性。事实上，法国高级行政部门可能从来没有像今天这样，彻底地承认并促进最一般的甚至最含混的，总之是最难以应付的合理的明确化和法制化倾向，完全地把专家、专业人员和技师置于最负盛名的大学校毕业的全科专家的领导之下。[②]

特权阶级总是把选择的权力更完全地委托给学校，以显得它们把从一代人向下一代人传递权力的权力交给了一个完全中立的当局，从而拒绝了通过世袭传递特权的专断性特权。但是，学校表面无可挑剔的判决总是客观地为统治阶级服务，因为它只是为了这些阶级的社会利益才牺牲了他们的技术利益。这样，学校就能比过去任何时候都更好地，总而言之是以一个以民主思想为基础

① 涂尔干在旧制时期的学院（即当时实施中等教育的耶稣会学院。——译者）这一特别有利的情况里抓住的正是所有学校系统固有的这种倾向。“无疑，旧制时期的学院当时不生产医生、教士、政治家、法官、律师、教授。但是，人们认为，要想成为教授、律师、法官等，就必须走学院这条路。”（《教育思想的演进》，第二编，第182页）

② 随着重要行政部门招聘竞试的设置，这一变化开始于上世纪末。这些竞试提出“普通文化”方面的要求，标志着“就地培训”的专家和技术员的后退。从某种程度上讲，这一变化从国立行政学校竞试中找到了它的完善和成功。这所学校使政府和各部的办公室满是一些“年轻的先生”，他们集中了一种资产阶级教育和最普通也最典型地传统化的学校培养这两个方面的优势。

的社会里所能想象出来的唯一方式，促进业已建立的秩序的再生
产。因为，它比任何时候都更成功地掩盖着它所完成的功能。人 206
的流动远不是不能与阶级关系结构的再生产并存，它通过有控制地选择有限的、被个人迁升和为个人迁升而改变的人，保证社会的稳定，并由此把它的可靠性赋予社会流动理论，从而有助于保存阶级关系。社会流动理论在学校里的“解放者学校”理论中找到了它的完美形式。①

① 很多研究把阶级关系再生产问题缩小为一代与一代之间人的流动问题。人们如果暗中同意这个理论，就无法理解个人的实践，尤其是那些促进流动或作为流动结果的实践，从它们在其中完成的阶级关系客观结构那里得到的一切。比如，由于就学率过高，统治阶级对保护阶级关系结构，对由此而来的教育系统越来越密切服从经济和经济计算要求的发展方向，以及对包含着这些阶级的一部分大学生的牺牲这些问题的集体兴趣，今天便与这些阶级成员的个人兴趣发生了矛盾。个人兴趣使这些阶级的人期望从教育系统那里得到对本阶级所有成员社会要求的自动认可。

第四章　独立带来的依附

208　首先，一个祭司把他们按顺序排列好。然后，他从拉刻西斯①膝上拿起签子和生命模型，走上一个高高的台子，大声喊道："必然的女儿拉刻西斯宣布，短暂的灵魂们，你们将开始一个新的历程，条件是作为最终还是要死的人去再生。不是哪个神选择你们，而是你们去选择自己的守护神。第一个中签的人将第一个选择生命，必然性把这二者联系在一起……每个人对自己的选择负责，与神没有关系。"

——柏拉图：《国家篇》

209　我们已经看到，不管人们想分析信息的交流，分析实施的组织或对交流与实施结果的检查与认可，即分析作为各个教育系统借以完成自身功能的长期性灌输行动的教育工作，还是想理解教育系统通过强加总是不同程度地成为社会要求的那些技术要求，公开地或心照不宣地选择它的信息的合法对象的那些机制，假如不把它的组织的和对象的、现在的和过去的所有特点，与一个给定社会构成中教育系统和阶级关系结构之间建立的关系的完整系统联系起来，就不能理解由使其运行的内部逻辑为其社会保存

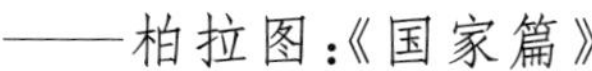

① 希腊神话中的命运女神之一。——译者

的**外部功能**服务的能力所定义的一个系统的**双重真相**。赋予教育系统它所要求的绝对独立性，或者相反，只从独立性中看到经济系统的一种状态或“整个社会”价值体系的直接表现，就无法看到教育系统的**相对独立性**可以使它在独立和中立的外表下为外部要求服务，即掩盖它所完成的社会功能，并由此更有效地完成这些功能。

每当学校系统的外部功能，即该系统与其他子系统，如经济系统或价值系统之间建立的客观关系，本身没有和社会阶级之间在一个给定时刻建立的权力关系结构发生联系的时候，就无法系统列出这些外部功能。在这种情况下，就必须把大学的组织(比如教 210
育交流在制度方面的条件或者学位和专业的等级)和对象的社会特点联系起来，以避免使自己陷入经验主义的取舍。这种取舍使常识和许多半学术性分析必定要在以下两者之间摇摆：谴责一个学校系统，认为只有它才是它产生的所有不平等的罪魁；揭露一个社会系统，认为它对留给一个无可指摘的学校系统的不平等负有全部责任。经济学家常常有这样的幻想：学校负有“社会”赋予它的一种唯一的、只有技术意义的功能，它与这个社会的经济保持着一种唯一的和单义的关系。某些文化主义人类学家有这样的幻想：学校负有“社会”赋予它的一种唯一的、只有文化意义的“文化适应”功能，只能在它的组织和运行中表现它从一代人向另一代人传递的“民族文化”的价值等级。同样，要想避免这两种幻想，就必须确定教育系统和另外的这个或那个子系统之间的关系，表现在由阶级关系某种结构来体现特色的一个社会里每个社会阶级身上有别于其他的不同形式。

如果把教育系统的全部功能化约为它的技术功能，即把学校系统与经济系统之间的全部关系化约为用劳动市场的需要来测量的学校“效益”，就是放弃了对比较方法的严格使用，仅仅抽象地比较一系列统计数据。这些数据失去了被测量的事实从自己在一个特殊结构中的地位上得到的意义，而这个特殊结构则服务于一个特殊的功能系统。只有系统地把教育系统的功能等级结构的变化（即每个功能在整个功能系统中的功能性作用的变化）和学校系统的组织同时发生的变化联系起来，才能满足使比较方法的应用产生效果的条件。有两种做法，它们或者以一种普遍可比性规律的
211 名义，或者以对“民族文化”顽强性的信仰的名义，联合起来无视上述要求。通过批评这两种做法，人们至少可以期望使建立一种模型的条件具体化。这个模型能使人理解，历史上发生的每个情况就是变化的一种特殊情况，功能的结构和组织的结构之间的关系系统可以承受这些变化。事实上，教育系统结构的不同类型，即各种教育系统肩负的生产持续的和可转移的倾向（习性）的功能的不同历史特点，只有在与功能系统结构的不同类型联系起来的情况下，才具有它们的全部意义。功能系统结构的不同类型本身，则与集团或阶级之间权力关系的不同状况密不可分，这些功能就是通过这些集团或阶级并且为了它们才实现的。

“普遍利益”的特殊功能

今天，教育的“目的”比任何时候都更完全地被视为与大学为国家发展做出的贡献是同一个问题。甚至表面上和这一逻辑最不

相干的那些挂虑，比如对“入学和接触文化的民主化”的最明显关注，也越来越多地借用了经济合理性的语言，比如以揭露“浪费”天才的形式出现。可是，“民主化”和经济“合理化”是不是就像好心的专家治国论者所想象的那样，是自动地联系在一起的呢？如果教育社会学和教育经济学没有假设关于教育“目的”的所有人为的疑问客观地提出来的，也就是*客观可能的*（即不仅是在逻辑方面是 212
可能的，而且在社会学方面也是可能的）教育系统功能的理论问题，以及与此相关的教育系统及其产品的可比性这一方法论问题已经解决，那么这两门学科就不会如此轻易地使自己处于这样一种盖然判断之中。

专家治国论再次发现了最简单形式的社会进化论的历史哲学。它鼓吹从现实本身得出历史变化阶段的一种线形和一维的模型，轻易地为自己设立了进行一种普遍比较的标准。这个标准是根据不同社会或不同教育系统的发展程度或“合理”程度，以单义的方式排列出它们的等级。实际上，教育系统“合理性”的指标越是完全地表现出教育机构及其实践的历史和社会特性，就越是难以适用于比较性说明。所以，这一做法在把比较的因素中来自它们关系系统属性的一切抛在一边的同时，也就破坏了比较对象本身。之后，不管是坚持使用文盲率、入学率、师生比等如此抽象的指标，还是注意教育系统效益或者它使用可以使用的智力资源的程度，比如技术教育的地位、毕业生数量和本年级入学时学生数量之比，或者不同的性别或社会阶级在不同教育层次上所占的比例等更为特殊的指标，要想避免比较一些无法比较的东西，或者换句

话讲，要想避免比较一些实际上可以比较的东西，就必须把这些关系重新纳入它们所依附的关系系统。

再深入一步讲，所有这些指标都建立在学校系统“生产力”的一种暗含的定义之上。这种定义只参考系统**表面的和外部的合理性**，将它的功能系统化约为众多功能中的一种，而这一种功能又受到了具有压缩作用的抽象化。专家治国论对学校效益的测量，以
213 一个系统已经相当贫乏的模型为前提。除去从经济系统得来的目的之外，这个系统不考虑其他目的。它以最小的代价，在数量上和质量上尽量地满足教育的技术性要求，即劳动市场的需要。对于接受了这样一种合理性定义的人来说，最合理的(表面上)教育系统是这样的：完全依附于计划性和可预测性的要求，以最小成本生产直接瞄准专门化任务的专门化教学，保证经济系统在一个给定期限内要求的资格的种类和水平。为此，它使用一套专门为操作最恰当的教育技术而培养出来的人员；无视阶级和性别的障碍，尽可能广泛地(但是不超越效益的界限)从智力“储备”中汲取；清除传统主义的所有残余，以用一种根据定货和时间限制按规格生产专门人才的教育，代替一种旨在培养雅士的文化教育。①

要想领会这样一种定义使功能系统受到的简化，只需注意到这样一点：为了表明教育系统表面合理性的程度与经济系统发展程度之间的全面对应关系的存在而经常被援引的统计关系，只有

① 人们用来反驳上面的教育表面合理性定义的理由可以是，经济系统的需求今天已经不再用狭窄的专门化术语来表示，重点反而是职业方面的再适应能力。事实上，这是经济系统需求的一个新形势所要求的一种新型职业专业。尽管定义扩展了，但生产在职业方面可用能力的能力，仍然是测量教育系统合理性的标准。

在人们把它们重新纳入学校系统与阶级关系结构之间的关系系统的情况下，才具有特殊意义。一个与每个专业每个阶段的毕业率表面上同样具有单义的指标，无法在一个法律等价系统的表面逻辑之中得到解释。一个给定文凭的经济与社会效益，随它在经济 214
与符号市场上的稀有性，即随这些市场的认可赋予不同文凭及不同类型毕业生的价值而变化。于是，在文盲比例过高的国家，会读会写就足以保证在职业竞争中占有决定性优势，更不必说持有一张小学文凭了。[①] 同样，由于传统社会普遍地把妇女从教育中排斥出去，也由于对各种智力的使用为经济发展所要求，并且由于妇女从事男子的职业是随着工业化进程而发生的主要社会变化之一，人们便可以期望从妇女的中等和高等教育入学率中看到教育系统"合理化"和"民主化"程度的指标。事实上，意大利和法国的例子可以给人以启发：很高的妇女入学率不应给人一种错觉，最富有的国家为女生提供的教育往往只是传统教育的一个更昂贵、更奢侈的变种；或者，如果人们愿意的话，也可以说是传统的男女劳动分工模式在最现代化的妇女学业中的一种新表现。女大学生对 215

① 由于大学系统和文凭的表面对等性，阿尔及利亚和法国在这方面的比较尤其有意义。"在一个 57%的人没有任何普通教育文凭，98%的人没有任何技术教育文凭的社会里，持有一张职业能力证书或职业学习证书（法国职业中学所授，为最低职业资格。——译者）便给经济竞争带来了巨大优势。一个微不足道的差别，比如一个人会读，另一个人即会读又会写，就可以决定在社会成功的机会方面存在着不成比例的差别。"（布尔迪厄：《阿尔及利亚的劳动与劳动者》[*Travail et travailleurs en Algérie*]，巴黎-海牙，慕东出版社，1962，第 272—273 页）同样，对一个女孩子来讲，持有一张文凭的效益因妇女入学率的不同而有很大差别。比如，1960 年，阿尔及利亚 70%持有小学毕业或更高文凭的女孩子占据着一个非体力劳动职位，她们当中没有工作的比例极小，可以忽略不计。

她们学业的整个态度证明了这一点。而作为这一态度的前因与后果的对专业的选择或者文凭在职业方面的利用率，对上面一点的证明就更为明显。反过来讲，在穆斯林国家，妇女入学率的比例尽管低，但可以表现出与穆斯林国家妇女教育传统定义的更为明显的决裂，这些国家的整个传统，一直是彻底地把女生排除在高等教育之外。更确切地说，高等教育中女生的总比例，随来自各社会阶层女大学生数量的变化，以及随不同学院和不同专业的女生比例的不同分布，而具有不同的意义。这样，在法国，同一社会出身的男生和女生上大学的机会今天已经明显相同。但是，人们不能由此得出结论，认为男女劳动分工的传统模式和男女“天资”不同的理论已经消亡。女生比男生更经常地被迫选择某几类专业（主要是文学），而且出身越低，这一情况就越明显。初看起来，有一些指标，比如从业时利用学历的女大学生的比例，并不模棱两可。但就是这些指标，也处在系统的影响之下。要想准确测量一名妇女取得的文凭的社会效益，至少应该考虑下面这样一种事实：由于一种职业（比如法国的中小学教师职业）的女性化，它的“价值”也随之降低。

另一个例子是，如果人们不能从中看到一个教育系统总是不分彼此地进行的社会性选择和技术性选择的一种特殊结合的结果，教育系统效益表面上最不容置疑的指标，即“废物”比例（由入学时学生数量与结业时不能得到毕业文凭者数量之比确定），就没有意义。在这种情况下，“废物”与完好产品一样，也是一种经过加工的产品。人们在想到读过书，哪怕是断断续续或者中途停止，在

不同社会，给不同阶级带来的后天的、技术方面的，尤其是社会方
面的第二位的好处的同时，也应该想到"落榜者"对学校、职业和整 216
个人生所特有的态度系统。除去英国、法国或美国不同程度的入
学选拔以外，如果不考虑从考试，尤其是法国式的竞试所进行的不
许上诉的排斥，到美国大学等级制度所进行的"温和淘汰"(cool-
ing out)，这种不同系统为进行淘汰并使其结果内化而使用的方
法的多样性，那么英国大学(14%)与美国或法国大学(40%)的废
物率的比较还有什么价值？① 如果一个教育系统真的总是能从它
认可甚至排斥的人那里，得到对认可或排斥的合法性的某种程度
的承认，并由此得到对社会等级的合法性的某种程度的承认，人们
就会看到，在教育系统使"社会秩序"合法化的功能完成过程中的
一种很强的效益的对面，只有一种很弱的技术效益；甚至在下面情
况下也是如此：专家治国论者拥有意识不到阶级性的特权，他们有 217
时自称在谴责一种浪费。但是，只有将国家统计中的某种虚假造
成的相关利益抹掉之后，才能计算这种浪费。

这就是说，专家治国论"效益"概念的功能，是排除一种对教育

① 对统计指标有价值的东西，对学校系统的组织和运行表面上最为特殊的标志同样有价值。一种无视实际实施条件的对学校大纲和教材内容的分析，或者一种仅仅依靠法律文件进行的关于国家对大学的控制、大学的分权化或者行政官员及教师招聘的研究，和一种对宗教行为的研究具有同样的欺骗性。这种研究声称从教会文件中推导出信徒实在的信仰实践，即使是这一实践由表面相同的一些文件所确定。实际上，"大学的自由"随学校系统与政治或宗教权力的关系变化。在法国，大学教授的任命理论上由教育部决定。但是，由于学院理事会推荐的人选自动地被任命，所以招聘工作以同事之间的真正竞选形成的同行遴选为基础。在其他一些国家，情况相反，大学的选举只是一种表面程序，用以认可已经做出的选择。在意大利，招聘通过竞试公开进行。但是，这一方式也掩盖不了集体舞弊和大学内外的影响。

系统的功能系统进行的分析。这种分析如果进行到底，应当能通过使人看到教育系统的任何一种功能都不能脱离阶级关系结构的一个给定状态被独立地定义，而不再明确地或暗含地要求“普遍利益”。比如，不同社会阶级出身的大学生对学校系统判决的承认程度之所以有所不同，尤其是对于在既不发生悲剧又不发生反抗的情况下，接受二流学业或职业（一些学院和专业对一些人来说是最后一个避难所，对另一些人来说是被方向指导机制所放逐的去处，它们为这些学生准备的是教师和中级职员岗位）有不同程度的准备，这是因为学校系统与经济系统——这里指的是劳动市场——之间的关系，甚至在智力学徒当中，也和他们出身的社会阶级的状况及地位有关。这件事的中介，则是作为向往的职业水平本源的阶级精神气质。由于没有进行这样的联系，人们就把指挥一个属类的个人及其职业前途关系的整个关系系统，化约为劳动的供与求之间的适应或不适应的机械性作用。熊彼特进行的就是这样一种化约。他声称，在与出路相比之下的文凭生产过剩和知识分子当中革命态度的出现之间，找到了一种简单的和直接的联系。[①]同样，在制定一种“教育政策”的时候，M. 韦尔默-戈歇一下子就
218 把这一雄心压缩成确定“可能为新一代和就业人口打开的出路的性质和规模”。[②] 要想计算这些“对资格的需求”，只需把对生产前

① J. 熊彼特(J. Schumpeter)：《资本主义、社会主义与民主》(*Capitalisme, socialisme et démocratie*)，巴黎，帕友出版社，1961 年，第 254—259 页。

② M. 韦尔默-戈歇(M. Vermot-Gauchy)：《明日法国之国民教育》(*L'éducation nationale dans la France de demain*)，“未来学研究者”丛书，摩纳哥，杜罗歇出版社，1965 年，第 75 页。

景的展望转移到对不同部门劳动力需求的预测，从对一个部门使用的劳动力预测转移到它“对专业资格的需求”，从“需要培训”的人——最后是从“对培训的需求”——转移到为在学校方面满足这些需求而要求的专业资格的水平和内容。这种表面上无可指摘的演绎法(考虑到由各种“设计”所保证的近似与稳定假设)，以不仅仅从相同的外表得到可靠性的对“需求”的定义为基础。人们或者只承认根据专家治国论关于各国经济地位的理想而被判定为值得满足的需求为需求，或者承认实际表示出来的所有教育要求为“需求”。[①] 什么也不能阻止人们选择第一种观点，不能阻止人们将学校的一种给定状态与一个教育系统的纯粹模型加以比较——唯一能定义这种模型的，又是它满足经济发展要求的能力。但是，由于在任何社会中，教育系统的作用都不会被化约为像一个工业企业那样，只有经济方面的目的；由于为满足经济要求而进行的生产并不是在所有地方都在功能系统中占有同样的地位；再深入一步，由于学校系统及其“生产”技术的特殊性，在其产品的特殊性中得以 219
再生产；所以只有通过一种思想的力量，人们才能把“经济的需求”或“社会的需求”，作为对功能等级一种共识的符合逻辑的、合理的

① 对教育的要求表现为两步。第一步是在进入教育系统的时候，为就学需求。而劳动市场以失业或就业不足来惩罚过剩的毕业生，它的要求晚些时候才出现。就学的需求表现在招生社会范围的扩大和学制的延长，它所服从的规律，在一定程度上不受学校计划试图满足的数量和质量要求所限制。罗宾斯报告作为预测学校学生数量(《英国高等教育委员会》，同前)基础的，正是这一需求(与生活水平的提高和不同社会阶级对学校态度的演变密切相关)。它对就业市场在技术方面的需求的可预测性(受发展的偶然性及较短期限以外无法预测的技术革新所制约)不如韦尔默－戈歇那么肯定。

基础。毋庸置疑，这些功能将强加给教育系统。专家治国论批评今天使一部分大学生进入“不具生产力的”学业或职业的“动机”或“志向”没有合理性。它无视这些方向是学校和本身也客观地受到学校行动导向的阶级价值观联合作用的产物，从而表现出除被客观地列入某类经济结构的目的之外，它不知道其他“合理性”目标。① 如果由于没有把制约教育系统的经济系统与阶级关系的一个给定结构相对应，由于理所当然地向自己提出了一种被设计为与阶级间权力关系无关的经济要求，人们在技术功能的掩盖下，天真地把教育系统的社会功能，尤其是再生产阶级关系结构并使之合法化的功能，摆在自己面前，那么人们还能公开主张在社会和逻辑方面都是不可能的，把一个教育系统仅仅化约为它的经济功能的理论吗？

如果说，这个“普遍利益”的理想放过了每个教育系统从它与
220 其他子系统的整个关系中，即在一个给定历史形势下，从阶级关系结构方面得到其特殊结构的功能系统中得来的在结构和运行方面的特点，这不足为奇。如果说，教育系统掌握着委托给它的灌输一种文化专断的权力，而它的结构和运行从它自身的功能中得到了特有的性质，而泛经济计量学的这种一元论又无视这些性质，那更不足为奇。再者，如果说，有一种理论，只认识一种模范合理性的不足和缺点（“陈旧”“幸存”“迟缓”“障碍”或“顽固”），因而只能用缺乏一类词汇来形容一个教育系统的教育特色和历史独特性，所

① 这就是说，对学校系统运行和对不同社会阶级对教育的态度的认识进行预测的唯一基础，不是各级各类教育学生数量的理想分布，而是这一分布在一个给定情况下可能成为的那个样子。

以计算者的一种进化论和改革者的一种唯意志论的天真结合，把这种理论斥之为否定社会学，还是不足为奇。

功能的未分化与对分化的冷漠

有人设想从一种文化的各部分有意义的统一性中领会该文化的特殊性，他们像构形主义学派那样，对教育的不同形式感兴趣，这证明他们愿意避免把对一种文化的分析和对文化传递的研究分割开。初看起来，这些人似乎摆脱了对“成形”的无知导致的空想。但是，人们能不能把文化看作一个具体的、对其因果关系负有无法推卸责任的整体呢？在这种情况下，能不能把一种文化的不同方面与一种具有生成性质的说法——“时代精神”“民族特性”——加以对照，把每个子系统作为只表现同一种唯一的、最主要的、在每种表现中都不通过中介而完整表现出来的活力加以处理，又不致产生无视每个子系统各自特色的危险呢？当个别关系整体化的要 221
求被化约为一种试图让整体存在于整体之中的整体哲学的时候，由于教育系统的特点和相对的独立性，它也和专家治国论一样，不遗余力地使人无视**系统的作用**。这一作用把它的意义和功能性力量，或者赋予功能系统中的一种功能，或者赋予结构或未来结构的一个组成部分（组织、人员等）。于是，一些人将教育系统相对独立的历史化约为一种唯一的、单线的和普遍性的演变过程的抽象图解，它只认识一种形态学发展过程的或表面和外部合理化过程的各个阶段。另一些人把教育系统从它的相对独立性得到的特色化约为一种“民族文化”的“特点”，以便能够在一个社会的教育系统

中，没有区别地重新发现这个社会的最后价值，或者在它的文化最典型、最多样的特点中，没有区别地重新发现教育的一种作用。在这种情况下，J. R. 皮茨主持了被喻为“罪犯共同体”的“学校伙伴小组”，作为“法国在核心家庭和大家庭以外存在的团结集体的典范”，在“密谋对上级领导保持沉默”当中重新发现了“对家长和教师的挑衅”。[①] 但是，在教育关系当中，同样可以看到永恒法兰西的“文化主题”的纯粹反映。“在他和教师的关系当中，儿童被置于法国空论派等级价值观最典型的体现面前。”[②]在学校和在家里一样，在官员组织中和在科学团体中一样，“一种法国社会不变的特点”或“法国文化系统不变的特点”再次出现，这种占上风的与他人和与世界的关系，由一系列抽象的词汇武断地修饰：“独裁主义”
222 “教条主义”“抽象”。学校在再生产各阶级之间文化资本的不平等分配的同时，促进了阶级关系结构的再生产。“文化主义”社会学家没有分析学校这一再生产在纯教育方面的机制，所以总有可能沉溺于他们对未被解释的同形现象的兴趣，对无法解释的一致性的兴趣，以及对自我解释的相似性的兴趣。通过直觉的力量一下子便处于文化系统本源的企图，在一个以阶级划分的社会中，可以免除对不同类型和程度的实践的事先分析，免除对不同阶级与这些实践的不同关系的事先分析。这个时候，这个企图便比任何时

① J. R. 皮茨(J. R. Pitts)：《资产阶级法国内部的连续性与变化》(Continuité et changement au sein de la France bourgeoise)，《追寻法国》(*À la recherche de la France*)，巴黎，色伊出版社，1963 年。

② 同上书，第 288 页。

候都更站不住脚。[1]

实际上，确定教育系统灌输一种文化专断的跨越历史阶段的要求对教育系统特有结构的影响，与在历史上体现这一灌输功能完成条件特点的功能系统状况的影响是一样的。所以，如果从法国大学生和教师中如此程度的“天才”与技艺神授理论中只看到“贵族对壮举崇拜”的残余，那就无法看到，这一理论在学校中的形式（用它支持或鼓励的实践）构成了一种可能的方式——或许是最适合对阶级关系结构的再生产及合法化的要求的一种历史形式， 223
以在教育行动中和通过教育行动本身，得到对教育行动合法性的承认。另外，由于没有分析这一理论随各类人员（教师或学生，中学教师或大学教师，文科大学生或理科大学生）在学校系统的结构中占据的地位，以及随他们根据自己的社会属性或社会出身与自己的地位保持的关系而发生的变化，人们就会被迫使自己用一种“历史的”抽象来解释“社会学的”抽象。比如，把教师对语言能力的崇拜和全民族对艺术或战争壮举的崇拜联系在一起，同时给人如下启示：个体发生论可以说明系统发生论，个人

① 所以，批评鲁思·本尼迪克特（Ruth Benedict）所写《菊与刀》（*The Chrysanthemun and the Sword*）的日本专家，主要指责这样使用“整体主义”的方法造成了肤浅和不准确。他们问，这个忽而被说成“尽人皆知的普通人”，忽而被说成“每一个”或“随便一个”的日本人，到底是谁？南（Minami）指出：“他的大部分模式适合上次战争中的军国主义及法西斯集团”；和津井（Watsuyi）则认为，“这些模式不适合日本社会中可以鉴别出来的任何集团”。大部分评论家都怀疑，这些高度的普遍性是如何“与日本社会固有的异质性共存的”J. W. 贝内特（J. W. Bennett）和 M. 永井（M. Nagai）：《日本人对本尼迪克特〈菊与刀〉一书的方法论的批判》（The Japanese Critique of the Methodology of Benedict's Chrysanthemun and the Sword），《美国人类学家》（*American Anthropologist*），1953 年 55 期，第 405—410 页。

传记可以说明历史。“在过去，当人们通过自发的和事先没有预料到的决定，在行动中服从明确的并早为人知的原则，完成一项出色的勇敢行为的时候，就是完成了一项壮举。在龙斯沃，罗兰[①]受对骑士原则的信仰的驱使，抓住了机会，把相反的环境变成了精神胜利的时刻[②]……所以，壮举可以在所有社会阶层存在。巴黎手艺人制作的首饰、农民对酒的精心蒸馏、平民对盖世太保酷刑的忍受、马塞尔·普鲁斯特在德盖尔芒特夫人客厅里笑容可掬的礼貌，都是现代法国壮举的范例。”[③]主题分析在“共同性主题”之间兜圈子，只能引向“共同的地点”。我们看到，要想跳出这个恶性循环，没有别的办法，只能用课本的故事来解释历史课本暗含的价值。

224 米歇尔·克罗齐耶[④]试图将“官僚制度现象”的理论应用于法国教育系统。我们可以相信，像这样的分析摆脱了文化主义人类学家对整体主义诸说混合的粗略描述。事实上，这一分析表面上是在通过“具体”借用文化主义对“法兰西文化”的描述，纠正对官僚制度的属性描写所固有的抽象，它集中了文化主义和专家治国论两个方面的理论错误。当它无视不同子系统的相对独立性的时候，就只能从每个子系统，特别是教育系统当中，重新发现法国官僚制度最一般特点的投射。这些特点，是通过所有现代社会最普

---

① 查理大帝的侄子，传说中的英雄人物。——译者

② 当遇到背后敌人袭击时，不通知大部队，只身抵抗直至战死，从而完成了壮举。

③ J. R. 皮茨：《美国人类学家》(*American Anthropologist*)，第273和274页。

④ 米歇尔·克罗齐耶(Michel Crozier，1922—2013)，法国当代社会学家。——译者

遍的趋势与“民族特性”最普遍的趋势的简单交叉得到的。从本源上假设“一个社会的教育系统反映了这个社会的社会系统”，这就是毫不留情地把学校制度化约为它“社会控制”的属性功能——这个所有专门功能的共同残渣，使自己无视一个教育系统从它的功能那里所得到的一切，特别是它在一个给定社会的给定时刻完成外部功能的特殊方式。[①] 这样，比如米歇尔·克罗齐耶，正是因为从学校特点当中看到了官僚制度逻辑的表现，即不承认这些特点带有纯学校的性质，是所有制度化的，甚至包括不太或根本不具官僚制度性质的教育系统的特有倾向或要求的表现，他才能抓住教育行动的仪式化或师生之间的距离等学校制度的特点。教育工作“常规化”的倾向，尤其表现在教材、文集、提要等专门由学校设计 225
也是为学校设计的精神和物质工具的生产当中。它和制度化的最初迹象一起，出现在古代的修辞学校、哲学学校或者可兰经学校等传统学校里。这些学校没有官僚制度组织的任何特点。[②] 另外，如果想到诡辩论家——仍然被迫利用骗取群众的预言技术来建立一种教育关系的教育方面的小业主——的**过分炫耀**(epideixis)，或者想到禅宗大师在向贵族强加精神权威时所用的破坏技术，人

① 克罗齐耶:《官僚制度现象》(*Le phénomène bureaucratique*)，巴黎，色伊出版社，1963 年，第 309 页。他还写道:“因此，如果假设是正确的，我们就应该从法国教育制度中发现官僚制度的基本特点。因为，这些基本特点围绕着社会控制问题组织起来，只有在受到教育的传递和强化时才能继续存在。”

② 诡辩论家——最早的职业教师(柏拉图:《普罗塔哥拉》，317b:“我承认是一名职业教师——诡辩家，一个教育人的人。”)正是这样给他们的学生一些大诗人的作品选(普罗塔哥拉，325e)，并开始把他们自己的作品作为“样板”(paradeigmata)分发，我们称之为“标准答案”(见 R. P. 菲佛[R.P. Pfeiffer]:《古典学习的历史》[*History of Classical Scholarship*]，牛津，克拉伦登出版社，1968 年，第 31 页)。

们就可以怀疑，从“再生产官僚制度成层分化的师生之间隔阂的存在”出发，可以比参照各种教育行动固有的一种功能性要求更好地理解威严的“壮举”及其间离作用。因为这一行动需以承认教师的教育权威为前提并生产对它的承认，无论这种权威是个人的还是制度委托的。同样，当米歇尔·克罗齐耶在大学“独立性”的制度性保证中，只看到官僚制度对职位的定义中包括的法定保证的一种形式的时候，他把和关系系统同样不可减少的并具有关系系统性质的两个事实混淆为一个：一个是作为受国家行政部门共同立法管辖的公职人员的教师曾经要求并得到的自主权，一个是从中
226 世纪“行会”继承下来的教学自主权。[①] 不管是否具有官僚制度的性质，只有各种教育系统特有的、根据其自身功能而不是根据某种机械惯性或反常的坚持来重新解释和转译外部要求的倾向，才能说明教师队伍对所有从外部对它的使命所下的定义的反抗。反抗的根据，一个是自信伦理，它拒绝用本队伍以外的价值观测量实践的结果；一个是关于“教师身份”及其特权的理论，对由一个相对独立的历史遗留下来的独立传统的提及使这个理论得以强化。总之，由于不承认一个特殊的教育系统是由一个特殊类型和水平的独立性所定义，人们就试图将制度运行及人员实践的特点描绘成分类过程的简单特点，比如官僚制度化的倾向。上述人员珍惜赋予学校的权力，即根据定义其自身灌输功能的原则，完成其外部功能的权力。

---

① “法国教师最早得到了身份保证，这使他们可以免受各种专断。尽管他们应当遵循依然相当严格的大纲的要求，但还是从另外的地方得到了最为完整的个人独立。”（《官僚制度现象》，第311页）

根据“反射”的，或者更差一些，根据一些相互反射的反射的富有隐喻的模型表示各系统之间的所有关系，就是使不同系统在它们与不同社会阶级的关系中完成的区分功能在不加区别之中解体。正是这样，对官僚制度及其与学校系统关系的分析，将国家各类高级官员的实践和价值观与不同大学校实施的教育联系在一起，注定要无视下述事实：大学校系统保证了这些机构的毕业生对国家机器的垄断，这些毕业生则把他们的态度和价值观带进了国
家机器。属于统治阶级的某个部分，对他们的态度和价值观至少 227
产生了和学校里的学习同样的影响（与角色保持距离、逃避到抽象里面去，等等）。下级行政人员最典型的态度，要么是崇尚形式主义，要么是倾向严格守时，要么是完全照章办事。这些同样能体现于官僚制度环境以外的特点，在这个环境的逻辑中表现出了态度系统（精神气质），比如廉洁、细致、严格、易于对不道德产生义愤。小资产阶级这些来自其阶级地位的特点，足以事先决定他们要接受为公众服务的价值观，接受官僚秩序所要求的“美德”。在政府生涯对他们来讲不是提高社会地位的最好方式的情况下，尤为如此。如果人们没有看到这一点，就仍是只能从上述典型态度中看到一种官僚制度组织的产物。根据同一逻辑，我们知道，只有当人们把学校的价值体系和中产阶级的精神气质——它们赋予学校价值的价值本源——联系在一起的时候，才能理解中产阶级出身的大学生或者教育系统中的中级职员，尤其是大学生中的教育系统中级职员子弟对学校的态度，比如文化方面的良好愿望或对“努力”的提倡。我们看到，正是在可以抓住的阶级关系结构成为子系统之间关系的中介的条件下，人们才能绕过极富说服力的相似点，

说明官僚制度和教育系统与社会阶级的同源性，抓住官僚制度和教育系统之间的真正共同点。这样，以备不时之需的功能主义，用“社会控制”这个没有个性的概念，指出学校系统在完成一种对“整个社会”来说是不可分化和没有区别的功能，以求掩饰下述事实：
228 一个有助于阶级关系机构再生产的系统，有效地服务于“社会秩序”意义上的“社会”，并由此有效地服务于从这一秩序得到好处的阶级在教育方面的利益。

但是，如果不考虑各种整体主义哲学的沉默、保留、遗漏、省略、口笔误在纯精神方面的功能，或者相反，不考虑它们向“一致化”“大众化”或“全球化”主题的移动和转化，就无法全面解释所有这些受同一种对差别，尤其是对阶级差别的不关心所影响的哲学的成就。正是这样，对主思想原则的服从，只能通过对知识界习惯和礼仪的服从强加给知识分子。今天在法国，对不同集团或不同环境来说，对社会阶级的参照可以以下述不同形式出现：作为上流社会客观主义杰出辩护士对社会不满提出的思想见解；作为一个无法使自己体现现代风格的外乡人的差错——它使一种外来的、由各种先锋派观点的轻骑兵推进的社会学的公认代表们感到伤心，这些轻骑兵担心在一场思想或理论革命中落后，总是细心探索“现代化”的前景，时刻准备并且能立即辨别“新阶级”“新异化”或“新矛盾”的最新品种；作为足以引起艺术和文化新秘密的信徒怜悯的一种粗人的亵渎或笨人的过失；或者还可以作为一种确凿无疑的、不值得提出反论但可以引起恶意争执的平庸——关于共同基础深度的“人类学”言论十分巧妙地回避了这种争执。出现上述情况绝非偶然。一类知识分子特有的思想在精神方面，甚至在政

治方面的意义，从来不能直接从这个属类在阶级关系结构中的地位演绎出来，而是总有一些东西来自它在知识界的地位。不知道这一点，就无法理解，我们已经说明其保存功能的这种对阶级差别
的不关心，能够没有矛盾地与按常规提及阶级斗争或者以阶级斗 229
争为咒语的各种思想打交道。一些对教育系统最激烈的“批评”，从“反对”被视为灌输工具的所有教育系统的属性功能里面，找到了掩盖这一功能所完成的阶级功能的手段。这些思想对各种社会化所固有的侵占，首先明显地是对性侵占的重视，远远强于对强制或剥夺的特殊形式的重视。即使是最具属性的强制或剥夺，对不同社会阶级的压力也不相同。通过这种做法，这些思想导致了对被设计为不加区别的压迫的行动的教育行动的一致揭露，并且因此导致了对“社会”的压迫作用的集体反抗——“社会”被压缩为对政治、经济、行政、大学和家庭等各种等级的印象主义迭印。只需看到所有这些思想都以对人为地参照“现代性”而形成特点的**属性异化**的发现和揭露为基础，就可以领会，这些思想依靠一种诸说混合(syncrétique)的统治关系表象——这使它们把不加区别地反对教师-官僚变成普遍推翻等级制度的原则，像专家治国论或文化主义论一样，同时也放过了教育系统对社会阶级的相对独立性和对它们的依赖性。[①]

① “批评”思想和它们的竞选对手专家治国论在不关心区别方面是一致的，它们的不同之处仅在于如何落实这种态度。在为社会学确定了寻找属性异化的使命的时候，它们就构成了一个思想体系。这个体系的基础中被证明次数最多的，便是对能提供同质性幻想的社会学分类的偏爱(不是“医院、居民大楼或公共交通的用户”，就是“报纸的读者”“年龄组”“青年”)，或者是对电视或“大众传播工具”，对自动化或技术物品，从更广泛的意义上说，就是对“技术专家文明”或“消费社会”的同质化和异化作用的迷恋。

230
教育系统的思想功能

对教育系统的分析以一些社会哲学思想为基础。表面上,这些哲学思想可以像进化论的经济主义和文化主义的相对论那样针锋相对。人们可以把这些分析中能发现的所有缺陷都与同一本源联系起来。认识到这一点,人们就会要求自己去寻找能够弥补上述缺陷的理论建设的原则,并加以解释。但是,发现两种做法的共同缺陷,并不能得到教育系统对阶级关系结构的相对独立性和依赖性之间关系的实际情况。如果不避开学校在一个划分成阶级的社会中必须完成的阶级功能,怎么去考虑学校从自身功能中得到的相对独立性?如果不分析教育系统从自身的灌输功能中得到的特有的和系统的性质,人们能不能有悖常理地不阻止自己提出教育系统在完成自身功能的同时所完成的外部功能这个问题?或者能不能更巧妙一些,提出掩饰自身功能和它以外的功能之间关系的思想功能问题?

同时发现教育系统对阶级关系结构的相对独立性和依赖性之所以不易,其中的一个原因就是在理论传统当中,对教育系统的阶级功能的认识和对学校与统治阶级之间关系的工具主义表象联系
231 在一起;而对教育系统来自其本身功能的结构和运行特点的分析,几乎总是以对学校和社会阶级之间关系的不知为对立面,似乎对独立性的证明需要以对教育系统中立性的幻想为前提。如果相信,在不问一个教育系统作为这样一个系统对阶级关系结构再生产做出的贡献,就可以在把它和统治阶级利益的一种化简了的定义直接联系在一起的情况下,得到一个教育系统的某个组成部分

的全部意义，人们就会通过一种最坏的目的论，轻易地得到进行一种既**专门**(ad hoc)又**多用**(omnibus)的解释的方便条件。人们由于拒绝承认国家机器的相对独立性，而不了解这架机器利用其独立性，通过承认国家－主宰的表象，为统治阶级提供了某些最为隐蔽的服务。同样，对“阶级的大学”的简单揭露，在所有分析之前，“从根本上”提出了学校文化与统治阶级文化、文化灌输与思想教训、教育权威与政治权力的同一性问题，禁止对机制进行分析。而正是通过这些机制，由形成结构的差距、双重性功能作用及思想的转移使之成为可能的等价关系，才通过中介间接地得以实现。

涂尔干把教育系统的相对独立性设计为这样一种权力：重新表现外部要求和从历史机遇中得到好处，以实现自己的内部逻辑。他至少为自己提供了条件，以理解体现学校特点、体现与制度自身要求相关的实践，在历史中反复出现特点的自我再生产倾向，或者是理解教师专业队伍特有的一些倾向。[①] 在《教育思想的演进》的 232
前言里，哈布瓦赫指出，这部著作的主要成就在于，涂尔干将大学

① 比如我们看到，某些美国社会学家就一些传统或一些运行方面的缺点指责他们自己的学校制度，而许多法国作者则往往对美国的制度持有一种田园诗般的印象，为此指责法国的大学制度，把他们视为特殊性的东西归咎为一个民族历史的特殊性。尽管美国的大学不能和中世纪的遗产同日而语，也不是国家极权的结果，但它们也表现出——也许不那么完整——大学系统最有特色的某些倾向。这就是，考试前临阵磨枪(boning)，大学生课程被化约为已经制度化了的“障碍赛跑”；随着考试对在社会上取得成功的作用越来越大，考试的烦扰也越来越多；学位和评语(honours)将终身伴随着一个人，尤其是一名大学教师，这方面的竞争十分激烈；一般教师和助教成为“智力短工”；博士论文无法想象得没有价值(unbelievably picayunish)，出版后便长眠在图书馆的书架上；一旦当上教授，便在这一位置上安营扎寨，一事无成(who ease up)，没有生产能力；或者还包括大学里轻视管理和教育理论的思想(见 L. 威尔逊[L. Wilson]：《文化人，对一种职业的社会学研究》[*The Academic Man, A Study in the Sociology of a Profession*]，纽约，牛津大学出版社，1942 年)。

传统的长寿与教育系统“本身的生命”联系在一起：“在每个时期，教育机关都与其他社会机构，与习俗和信仰，与重要的思想流派，保持着联系。但是，这些机关也有自己的生命，有自己相对独立的演变过程。在这个过程中，它们保持了过去结构的许多特点。有时候，它们以过去为依托，抗拒外界对它们的影响。如果不追溯很
233 远，不回到制度建立的时候——它的形式一旦产生，就要么利用某种惯性，要么由于成功地适应了新的条件，力图在时间中一直存在下去，人们就根本没有办法解释诸如学院的划分、考试和学位制度、寄宿制度、学校的惩罚等问题。用上述观点考察的教育组织，在我们看来似乎比教会本身更抗拒变化，更保守，更传统。这是因为，它的功能是向新的一代传递一种扎根于久远过去的文化。”由于教育工作（无论是由学校还是由一个教会或一个政党实施）的作用是生产被一种长期加工行动持续地、系统地改变的人，这一加工行动力图使这些人得到一种持续的、可转移的共同教养（习性），即共同的思维、认知、评价及行动模式；由于对统一规划好的人的批量生产要求并在历史上造成了对规划人员——这些人员本身也受到统一的规划——以及标准化的保存和传递工具的生产；由于加工行动发生系统变化所必需的时间至少和批量生产那些经过加工的再生产者，即生产能对他们所受教养实施一种加工和再生产行动的工作人员所必需的时间相等；尤其由于学校根据自身的功能，是唯一完全掌握着通过一种贯穿整个学习过程的行动选择和培养人这种权力的机构，它赋予这些人使它得以永续的使命，并由此处于一种强加其自我永续标准的最有利地位，哪怕是利用它重新解释外部标准的权力；最后，还由于教师是他们尤其应当负责再生产

的生产系统最为完美的产品；所以，人们才像涂尔干指出的那样，懂得教育机构有一个相对独立的历史，学校及学校文化的变化速度非常缓慢。无论如何，只要没有将教育系统及其历史的相对独立性和完成其自身功能的社会条件联系在一起，人们就会像哈布瓦赫的文章和涂尔干的著作本身所揭示的那样，只能循环往复，用教育系统历史的相对独立性来解释这个系统的相对独立性，反过来又用教育系统的相对独立性来解释它的历史的相对独立性。

所以，如果不考虑在一个给定时刻可以使一个教育系统实现 234
一个给定水平和一个特殊类型的独立的那些客观条件，人们就不能完全理解各种教育系统来自自身灌输功能的相对独立性的那些一般性特点。因此，要想看到教育系统的相对独立性总是一种依赖性的对立面——后者被前者所允许的实践和理论的特点程度不同地掩盖着——，就必须在教育系统和其他子系统之间建立关系，而且不能忽略要参照阶级关系结构来说明这些关系。换言之，对一个给定程度和类型的独立，即对自身功能与外部功能之间对应关系的一种给定形式来讲，总有一个给定类型和程度的、对其他系统的，说到底是对阶级关系结构的依赖性与之对应。[①] 涂尔干观察的学校制度在他看来之所以比教会更保守，是因为教育方面的保守主义的社会保存功能被掩饰得越好，学校就越能有效地完成

① 各种学校系统，都在不同程度上，按照阶级关系结构为每种情况确定的形式，完成着与其他系统可能存在的所有关系相对应的所有功能，以使它的结构和运行对可能存在的功能的给定结构而言总是井井有条。如果功能系统可能的外形系统的建立，不能使人把每个历史性结合作为功能可能有的结合的理想整体的一个个案来对待，不能由此显现教育系统和其他子系统之间的所有关系，很明显首先是掩饰得最好的那些没有价值的或消极的关系，那它的建立就将只能成为一种学校里的练习。

这一功能，学校才能把它跨越历史阶段的独立化倾向推得如此之远。在这种情况下，由于没有分析使灌输方式与灌输内容之间的完美协调这个传统教育的特点成为可能的社会和历史方面的条
235 件，涂尔干注定要把自身功能与外部功能的一种结合包括在被定义为“保存从过去继承下来的一种文化”的各种教育系统的自身功能之中。[①] 即使是这一结合在历史上经常出现，它也只是一种特殊的结合。仅仅是由于接受文化的条件被统治阶级垄断这一个原因，与文化的关系便具有了一种起区分作用的社会功能。当学校客观地以对它进行保存、灌输和促进为功能的这种文化可能被化约为与文化的关系的时候，其极端形式仅仅把保持自己的原状规定为教育系统的唯一目的的这种教育保守主义，便成为社会和政治保守主义的最好同盟军。这是因为，在保护一个特殊团体的利益和使一个特殊机构的目的独立化的外衣下面，教育保守主义通过直接和间接的作用促进了“社会秩序”的保持。教育系统自身的
236 灌输功能、保存文化的功能及保持“社会秩序”的功能曾经一致，因而它对统治阶级客观利益的依附就可以存在于对有择亲和性的美

① 我们看到，涂尔干试图通过把教育系统和阶级关系结构之间的关系在严格给定的历史时刻的特点包含进教育系统自身的，因而是跨越历史阶段的功能的定义之中，暗地里试图以一种关系代替一个跨越历史阶段的法则。这种关系在认识论方面从来只有“偶然概括”的地位，即至今仍然没有例外、但它的反面在社会学方面是可能的那些历史规律性的地位。这不是为那些相信自身功能能和任何外部功能自动共容的教育乌托邦担保，而拒绝把复现性如此之强的历史性产物在它们不是一种人类性质（“人总是人”）表现的时候，当作一种历史性质（“没有哪一个已知的社会里……”）的表现。知道了反映保守思想特点的参照“事物的性质”来说明已经建立的秩序的倾向，我们就看到了，总是迅速地把没有例外的历史规律性变成必要和普遍法则的悲观主义历史哲学，可能从学校行动和保守主义之间关系的永续中得到的好处。

好下意识之中而不为人知。只有在这种情况下，教育系统才能如此完全地展现对各种外部要求的，尤其是对统治阶级利益的绝对独立性的幻想。这种和谐多长时间不打破，教育系统就可以在多长时间内在一定程度上把自己封闭在一个无限循环的圈子里，生产它的再生产者，从而在一定程度上逃避历史。这是因为，不无矛盾的是，它一方面无视其他所有要求，只知道自我再生产，一方面又最有效地促进着社会秩序的再生产。① 只有受其自我永续的烦扰所统治的一个系统的教育保守主义和社会保守主义之间的功能性关系，能够解释大学秩序的保护者，比如拥护拉丁文、教师会考或文学博士论文等作为文人与文化关系的制度性依托的人，以及拥护“人文科学”的人文主义教育固有的缺乏教学法这一不足的人，这些辩护者过去和现在总能在法国从统治阶级最保守的集团中找到永久性支持。②

既然确定一个教育系统来自其自身功能的相对独立性界限的 237
历史和社会条件，同时决定着自身功能的外部功能，那么所有的教

① 可能没有其他的教育系统像法国这样，在教学中对大纲、练习和考试的选择如此完全地由对符合传统标准的教师们的培养提出的要求来决定，这就是法国教师们表示出来的一种倾向于完全为准备从事教学工作而组织教育的那种逻辑。在评价和教学实践中，他们至少是不自觉地运用了一个完美大学生的样板来衡量所有的大学生。而这个样板学生不是别个，只是他们过去曾经当过的“好学生”和“指望”成为他们那样的教师的大学生。

② 通过独立而形成的依附关系，把一个教育系统与统治阶级的物质和符号利益联系起来。或者更确切地说，把一个教育系统与这些阶级的统治集团联系起来。通过调查不同属类的教师和不同阶级或集团对教育问题表示的共同意见及分歧，可以发现这种关系。这样，比如分析人们对一次关于拉丁文教学、教师会考、职业培训，或者学校与家庭在教育方面各自功能的调查的答复，可以在资产阶级统治集团与最依恋（取该词的双重意义）传统招聘和培养方式的，因而最依恋文化（“人文主义”）传统表象的教师之间的古老联盟的表现之外，发现一种新联盟的征兆。这个新的联盟，一方是统治阶级中与国家机器的生产或管理关系最直接的那些集团，一方是能用专家治国论关于合理性和生产力的语言表示本属类对大学的保存有兴趣的那些属类的教师（利用报纸对教育系统形势进行的全国性调查）。

育系统就都具有一种**功能方面的双重性**。在传统系统中，保存这个系统和保存它所保存的文化的倾向，遇到了来自外部的社会保存的要求。在这种情况下，这个双重性便得到了全面的现实化。传统教育系统之所以能对阶级关系结构的再生产做出特殊贡献，正是由于它具有相对的独立性。因为，它只需服从自己的规则，就能同时并且被视为额外地服从了确定它使已经建立的秩序合法化的功能的那些外部要求：在保证文化资本的世袭性传递的同时，完成它再生产阶级关系的社会功能；在使人相信它的绝对独立幻想的同时，完成它掩饰上述功能的思想功能。这样，教育系统对统治阶级利益的相对独立性的完整定义，总应该包括这一独立性为阶级关系永续提供的特殊服务。因此，学校系统掩饰它促进各阶级之间文化资本分配再生产的特殊能力，正是来自它使自己的运行独立化并通过保证自己的中立表象而使人承认它的合法性的特殊能力。对上述服务的掩饰，并非是学校的相对独立性使它能为保
238 存已经建立的秩序提供的最微不足道的服务。① 教育系统之所以能如此完美地完成使已经建立的秩序合法化这个思想功能，仅仅是因为社会机械学的这一杰作，使用了类似变魔术时把有双层底的盒子套在一起的办法，成功地掩饰了在一个划分成阶级的社会里，把灌输功能——即智力和道德一体化功能——和保存这个社

① 人们之所以有权把教育系统的相对独立性当作完成它的阶级功能所必需的和特殊的条件来对待，是因为对一种合法文化及这一文化合法性的灌输的成功，需以对制度及其工作人员的纯教育权威的承认，即对成为这一权威基础的社会关系结构的不知为前提。换言之，教育合法性需以对一种事先存在的合法性的委托为前提。但是，在产生对学校权威的承认，即对成为这一权威基础的社会权威的不知的同时，制度通过一种相互优先的循环，使阶级关系的永续合法化。

会特有的阶级关系结构的功能联系在一起的关系。[①] 于是，正如恩格斯指出的那样，“这个集团似乎站在社会之外，因此可以说站在社会之上，赋予国家一种独立于社会的外表”，教师队伍使它教育职责的精神权威（这一权威越是看来没有从一种学校制度得到任何东西，而学校制度又似乎没有从国家或社会得到任何东西，这个权威就越大）服务于大学自由和学校平等的思想，而且做得比国家行政官员队伍更为完美。如果说，教师的教育实践或职业思想从来没有直接和完全地可以被压缩为或不可以被压缩为他们的阶级出身或阶级属性，这是因为，正像法国学校历史所表明的那样，
它们通过自己的多义性和多能性，表现出工作人员来自出身和所 239
属社会阶级的精神气质，以及使这一气质现实化的条件之间的结构性重合，而这些条件则客观地体现在制度的运行及其与统治阶级的关系的结构之中。[②]

① 我们看到，通过使这一关系成为极具启发性的生产力并被大多数相对独立性概念的使用者所回避的一种反常现象，应当归纳出独立性的全部后果，以便不放过从中形成的任何一点依附性。

② 比如，我们看到，随着教育层次的提高，即随着寓于教师功能中的矛盾的显露和特权阶级特有的与文化关系的至高无上地位更为全面地确立，小资产阶级出身者在教师中的相对比例降低：1964 年，36%的 45 岁以下的初等教育教师出身于下层阶级，42%的出身于小资产阶级，11%的出身于中产阶级或大资产阶级；而大中学教师（混合计算）中，16%的人出身于下层阶级，35%的人出身于小资产阶级，34%的人出身于中产阶级或大资产阶级。在缺乏统计数据的情况下，我们可以通过考察高等师范学校学生的社会出身，对高等教育教师的社会出身有一个印象：下层阶级占 6%，中产阶级占 27%，上层阶级占 67%。如果不怀疑不同属类教师的许多特点来自他们在教育系统中占据的地位，即来自他们和其他属类保持的，公开声明或秘而不宣的竞争、比赛或者同盟关系（比如对中等教育而言，可以想到把在其中工作的初等教育教师和此类教育的传统教师分隔开的不一致），以及使他们走上这一岗位的学习道路及与之相关的学业类型，也不能忘记所有这些特点都紧密地和社会出身的差异连在一起，致使一些在生活条件和职业状况方面没有任何区别的教师属类，可以在职业态度及职业以外的态度方面被分开。分开它们的，是一些无法被压缩为属类利益的对立的区别。这些区别不是来自他们所属的阶级，而是来自他们出身的阶级。

于是，根据解放者学校这个大学界的理论，初等教育教师毫无困难地再一次提出了对机会表面均等的一种雅各宾式的伦理要求。这来自他们的阶级出身和阶级属性，并且在法国社会历史上，无法和它在通过学习成绩在社会上取得成功的学校理论中的转译分开。同样，在法国中等教育里，甚至在它的理科教学中，仍然为教育实践导向的有能力和学习出色的表象，并非不带有小资产阶
240 级或大学教师的重新解释的印迹，它再生产着智力不凡和为人超群的社会定义。特权阶级崇尚风度的共同倾向就在这一定义中形成。它所根据的，是由一个渗透着耶稣会价值观的教育系统所延续下来的，贵族崇尚上流社会优美仪态和雅致文学风格的传统。与起支配作用的价值等级一样，学校也把能力分成一组组对立的等级，如“优秀”和“认真”、“风雅”和“努力”、“杰出”和“一般”、“普通文化”和“学者文化”等。总之，一个是多方面的自如，一个是技术方面的熟练。[①] 这些两分法都来自同一个分类原则。这个原则是如此之强，即使是在不同方面和不同时间有不同特点，它也可以把大学界的所有等级及对等级的掩饰组织起来，并通过使社会差异成为学校差异而使它们永远存在下去。“翻译好”和“法语好”之间的对立，只是过去同一个分化原则在现实中的一种表现。这

① 如果这个纯属大学内部的对立系统，没有间接地引出表现体力劳动和非体力劳动之间基本分工的理论与实践之间的对立，那它就可能不会产生这样大的分类效果和符号作用。通过系统地把特权赋予一系列平行的对立中的一极（对理论学科极为重视，在文学方面崇尚形式，对数学的形式主义感兴趣，绝对贬低技术教育），教育系统同时把特权赋予了这样一些人：他们曾经持有特权，从一个相对摆脱了由紧迫的经济必要性所强加的实用主义影响的家庭中，首先从语言方面得到了对实际操作的符号控制能力，得到了与社会、与他人，从而与学校要求的语言及文化的松散、疏远和“冷漠”的关系。这在涉及接受像纯美学的或科学的态度这些如此备受青睐的东西时尤其如此。

个原则也把大学校（高等师范学校、综合技术学校、国立行政学校）毕业生的通才型专家与二流学校生产的专门人才，即把大资产阶级与小资产阶级、“大门”与“小门”对立起来。[①] 小资产阶级出身 241
的大学教师社会地位的例外提高，只是由于他们有能力依仗顺从和用功，把一流学生顺从的用功变成了在学校里的自如。中产阶级和大资产阶级出身的大学教师，则至少要在表面上做出姿态，拒绝接受他们的出身暂时给予他们的利益，以树立学习认真的形象。对所有这些人来讲，他们的全部实践揭示了贵族价值观和小资产阶级价值观的紧张关系。前者或者利用自身的传统，或者利用与特权阶级的关系，强加于法国学校系统；后者甚至在并非直接从社会出身得到它的那些人中，受到了来自一个系统的鼓励。这个系统因其自身的功能及其在权力中的地位，必定要使它的工作人员在统治阶级内部各个阶层的等级中，占据次要地位。[②] 一个制度，允许并鼓励一些可以互换的传递工作人员改变制度的权威，以造成对无法模仿的创造的幻想，为相互交叉并积累起来的检查活动提供了一个特别有利的场所。有时依次，有时同时参照学校对才华的崇尚和学术界对准确掌握分寸的爱好，使检查活动成为可能。

① 《固定语辞典》（*Dictionnaire des idées reçues*）中写道：“在中学，法文译成外文是用功的证明，而外文译成法文是聪明的证明。但是在社会上，只需对在法译外方面强的人付之一笑。”不难看出，对商界和政界大资产阶级来说，在教师思想中代表着理想的有教养的人的高等师范学校学生，与国立行政学校的学生相差不多，是被赋予当前风格的上流社会文化的体现。“法译外强”，属于那些按照传统学校的准则培养出来的人。

② 学校内至高无上的地位和学校外因学校在权力结构中地位不高（或处于边缘状态）而形成的地位之间在结构方面的不协调，可以成为最有力的原则之一，来解释高等教育教师（在这方面类似高级军官）的实践和观点。

这样，在同时表现出队伍招聘的社会二元性和职业岗位客观定义的双重性的一种思想的含混不清之中，高等教育教师找到了一种最好的工具，可以在不自相矛盾的情况下，根据不只在一点上有矛
242 盾的两个标准系统，克服所有偏差。人们懂得，统治者对脑力劳动者勤劳美德的蔑视，是贵族的天才主义在大学中的转译。这种天才主义又根据资产阶级对世袭的要求，转化了贵族关于出身的理论。它毫无困难地与对于将成功立即和上流社会牵扯到一起的做法在道德方面的谴责，以及对合乎章法的权利的严格保护结合在一起，尽管这有时会违反权限法。所有这些态度，以纯粹是大学内部事务的形式，表现了小资产阶级从对普遍平庸的一种驱邪式确认中获得安慰的倾向。于是，大学所有的准则，无论是支配选择大学生或举荐教师的准则，还是管理课程、论文甚至科学研究生产的准则，至少在学校内部，总是有助于由一种双重否定所定义的典型人物和典型事业的成功。这种双重否定，就是没有独创性的优秀和没有科学意义的繁重。如果愿意的话，也可以说是“浅薄的学究气”和对博学的卖弄。

尽管小资产阶级思想几乎总是受到资产阶级优雅和天才理论的统治，但它自愿经历艰苦的思想，还是成功地为学校中的实践及对这些实践的评价打上了深深的烙印。这是因为，它遇到了一种用成就说明道德的倾向并赋予其活力，而这种倾向即使受到搁置和排斥，仍然为主导性思想所固有。但是，如果只看到，在小资产阶级和大资产阶级的思想之间建立起来的从属性和补充性关系，根据学校制度相对独立的逻辑，再生产着(取其双重意义)一种在其他领域，尤其是政治生活中表现出来的小资产阶级和资产阶级统治集团之间的对立性联盟关系，那么我们就不能理解大学风尚

的诸说混合状况。与下层阶级及统治阶级的双重对立，事先决定了小资产阶级要为保持道德的、文化的和政治的秩序服务，并由此 243
为这一秩序所服务的人服务。不管是灌输秩序，还是使没有把秩序内化的人回到秩序上来，小资产阶级并非是被劳动分工所驱使，才在负责保持秩序的官僚机构中的中下级岗位上虔诚地服务的。[①]

因此，要想恰当地理解学校系统和阶级关系结构之间关系的性质，说明最终可以被压缩为共同利益、思想同盟和习性的亲缘关系的对应、一致或巧合，又不致陷入一种社会地位一致论的形而上学或者最好、最坏的天意论，就必须把一个教育系统来自它自身功能及这一功能的外部功能的结构和运行方面的特点，与人员（传播者或接受者）受社会条件制约的，来自他们阶级出身、阶级属性及在制度中地位的态度联系在一起。[②] 无休止的讲话试图在每种情况下都把它的完整意义赋予整个关系网中的每一种关系。即使是 244
排除了人们强迫自己倾听这些讲话的可能，对一种局部关系而言，

① 要想提出大资产阶级和小资产阶级之间统治任务分工所完成的功能，尤其是受委托尽责实施一种身体或符号方面强制的下级工作人员所完成的替罪羊和陪衬物的功能，只需要列举出这一功能性对立中的几组最有意义的矛盾。比如，上校——“一团之父”和被称为“司令部的狗”的士官、法官和“警官”、老板和工头、高级官员和被放在与公众接触位置上的小职员、医生和护士、精神科专家和收容所护士。在大学系统内部，则是校长和总学监或者教师和“小卒”。比如，我们知道，功能和人员的二元性在教育系统中形成的双重作用：学校行政领导和配备的工作人员的官僚制度公开或暗含的贬值，构成了学校的神赐能力论最保险和最经济的动力之一。

② 理论的提出，在最好的情况下能简要说明对具体中介的分析，在最坏的情况下完全免除这一分析。要想使人看到二者之间的距离，只需回到本书的某些分析上来。这些分析被压缩为对自己的抽象速记，比如表现为“由作为交流系统的教育系统和阶级关系结构之间的关系所系统定义的传播水平与接受水平之间的交流关系的系统”（第一、二章），或者表现为“根据它和统治阶级价值观的关系所定义的学校价值体系与重视教师队伍社会出身和社会属性的价值体系之间的关系的系统”（第四章）。

也只需抓住循环性关系的系统。这些关系通过习性的中介，将**结构**和**实践**联系起来，以确定“教育系统与阶级关系结构之间的关系系统”此类抽象表达的有效范围（即在这一范围内的意义）。而习性，则被当作结构的产品、实践的生产者及结构的再生产者。于是，与此同时就提出了经验性工作的原则，它可以使人避免像上流社会那样，人为地让机械的泛结构主义和对创造性主体或历史性因素永不失效的权利的承认二者交替出现。① 阶级关系结构被视为权力场，它同时表现在直接具有经济或政治性质的对立之中和一个符号性的立场与对立的系统之中。由于它确定生产习性之间差异的原始条件，所以它带来了解释系统特点的本源。在不同活动领域中，一个给定阶级的工作人员的实践都具有系统的这些特点，即便是它在每种情况下的特殊形式都来自每个相关子系统自

245 身的法则。② 不同子系统之间的关系，只有通过阶级属性的中介，

① 甚至在先锋形式下，这一具有先见之明的交替性也不只一次地提到关于社会决定论和人类自由这一古老争论。关于习性这个概念在超越这一交替性中起的作用，请见布尔迪厄为欧文·帕诺夫斯基（Erwin Panofsky）《哥特式建筑与经院思想》（L'habitus comme médiation entre structure et praxis）写的跋：《作为结构和实践中介的习性》（*Architecture gothique et pensée scolastique*），午夜出版社，1967 年，第 135—167 页。

② 一切都似乎向人们指出，中产阶级一个部分在生育力和对学校态度方面的行为本源，是通过艰苦努力得以在社会上晋升这同一种精神气质。在生育率最高的社会属类中，诸如农业工人、农民和工人，家庭每增加一口人，上中学的机会便随之有规律地减少。手工业者、小商人、一般雇员和中级职员中，以及在四个孩子以上的、以过高的生育率区别于本属类的家庭中，上中学的机会明显减少。不应当从子女数量中得出对入学率降低的原因的解释，而是应当假设：限制出生率的愿望和对儿童进行中等教育的愿望，在赞成它们的属类中表现出同样一种艰苦努力的倾向。关于对阶级的精神气质和生育率之间关系的分析，请见布尔迪厄和达尔贝尔（Darbel）：《一种马尔萨斯主义的结束？》（La fin d'un malthusianisme?），载于达拉斯（Darras）：《利益的分配》（*Le Partage des bénéfices*），巴黎，午夜出版社，1966 年，第 135—154 页。

也就是通过倾向于使相同的基本类型的习性在差异极大的实践中（繁殖力、结婚率、经济行为、政治行为或学校行为）得以现实化的因素的行动，才能建立起来。由于没有看到这一点，人们就会把这些子系统之间的关系化约为从其中一个出发便可得到任何一个的逻辑格式，从而物化抽象结构。或者更糟糕，只通过像帕森斯[①]那样赋予子系统由交换服务联系起来的因素的拟人化形象，并且由此而促进只是子系统抽象组合产物的系统的良好运行，来重新建立“社会系统”实际运行的外表。[②]

学校和社会阶级之间的关系看起来极为和谐，这是一种特殊情况，之所以如此，是因为客观结构生产着阶级习性，尤其是生产着倾向和素质。这些东西通过产生适应这些结构的实践，使结构的运行和永续成为可能。比如，我们看到，对学校加以利用的倾向和在那里取得成功的素质，就取决于与不同社会阶级有关的利用学校及在那里取得成功的客观社会。这一次，这些倾向和素质则构成了学习机会结构永久化最重要的因素之一，这种结构是教育 246
系统与阶级关系结构之间关系客观上可以抓得住的表现。这甚至包括消极的倾向和素质，比如贬低自己、贬低学校及其给予的认可，或者屈从于失败和排斥。它们导致了自我淘汰，可以被理解为学校客观地专门为被统治阶级保留的惩罚的一种下意识的提前。

---

① 塔尔科特·帕森斯（Talcott Parsons，1902—1979），美国社会学家。——译者

② 尽管受到反对各种唯心主义形式行动哲学的一种客观主义反应的驱使，马克思著作的结构主义读者们确认社会实践所有层次上阶级关系结构的内在，但由于没有把决定或复因决定其他结构的神秘权力以外的另一个内容赋予结构，他们只愿意认识作为结构“支撑物”的因素，因而使自己无视结构和实践之间中介的问题。

再深入一步，只有把习性看作外在的内化和内在的外化的场所的一种恰当理论，才能够全面说明实施社会秩序合法化功能的社会条件。无疑，在学校所有的思想功能里，这个功能隐蔽得最好。传统教育系统给人以幻想，认为它的灌输行动对有教养习性的生产完全负责；或者通过一种表面的矛盾，认为灌输行动的区分作用仅仅来自接受它的人所固有的能力；认为它充其量不过是认定和强化一种在学校外面形成的、构成在学校学到的所有东西的本源的阶级习性，从而独立于所有的阶级决断。所以，这个系统便以无法替代的方式，促进着阶级关系结构的永续，并且由此通过掩饰它生产的学校等级再生产着社会等级一事，来促进阶级关系结构的合
247 法化。[①] 要想说明，一切都事先把为一种社会保存功能服务的倾向赋予一种传统教育系统，只需着重提请人们注意亲缘关系。这一方面是它灌输的文化、灌输这一文化的方式及这一学习方式以为前提并加以生产的掌握这一文化的方式三者之间的亲缘关系；另一方面是所有这些特点和它的灌输对象社会特性之间的亲缘关系。灌输对象的社会特性则与灌输人员来自他们社会出身、所受教育、在制度中的地位及社会属性的教育和文化方面的倾向密切相关。既然社会秩序合法化功能从中得以完成的关系网十分复杂，我们看到，将他们的运行局限于教育系统的一种机制或一个领

① 学前或校外教育以不具姓名的方式由生活条件所实施，即便是一个家庭集团的教育权威说明并赋予它纯教育意义。要想具体证明学校行动和学校选择的作用与学前或校外教育作用的一致性，只需指出，从初中到综合技术学校，按学校声望及其授予的文凭的社会效益排序的学校等级，严格地与按学生社会构成为这些学校排出的等级相对应。

域的这种奢望，是无法实现的。不过，在一个划分成阶级的社会里，学校和在占有文化资本及使之产生效益的能力方面各不相同的家庭一起，共同分担着再生产这一历史产品的任务。在一个给定时刻，这个产品成为经过文化教养形成的倾向的模型。在这种情况下，没有什么能比传统教育特有的教学上的“放任自流”更好地为统治阶级的教育利益服务。这是因为，这种无所事事的行动能立即生效，它的定义难以把握，似乎注定要服务于使社会秩序合法化的功能。这就是说，如果把教育系统的所有思想功能化约为政治或宗教方面的灌输，将极其幼稚。根据不同的灌输方式，这种灌输功能可以以不同的潜伏程度得以实施。就像法国世俗的、自由的或自由化的大学的传统出色地表现出来的那样，对伦理和政治信条的公开中立，甚至对政权的公然敌视，令只有教育系统能为保持已经建立的秩序做出的贡献更加不容怀疑。在这种情况下，对政治灌输功能的公开拒绝，或者至少是对公开形式的政治宣传
和公民教育的拒绝，能够掩饰使社会秩序合法化的功能，从而自己 248
完成一种思想功能。越是这样，上述对学校政治功能的大部分分析所固有的混乱就越有害。

因而，从社会学的角度上说，包括在教育系统和阶级关系结构之间的关系系统之内的、共同的或学者式的幻想的社会作用不是空想的，要想理解这一点，就必须追溯到为这个关系系统导向的本源。通过学校实现的已经建立的秩序的合法化，并以社会对学校合法性的承认为前提，这一承认的基础是不知道客观地支撑这种合法性的权力委托。或者更确切地说，这一承认的基础是不知道

结构和习性之间一种完美和谐的社会条件，以便产生对习性是一种能再生产它的生产者的产品的不知，并由此承认这样再生产出来的秩序的结构。就这样，教育系统通过掩饰其运行的客观真相，客观上有助于生产对它通过自身的运行再生产的秩序在思想方面的辩护。如果说，作为学校思想作用牺牲品的众多社会学家，都倾向于将他们对学校的态度和倾向，如“希望”“渴求”“动力”“意愿”等，与他们生产的社会条件割裂开来，这绝非偶然。他们忘记了客观条件同时决定着愿望及愿望能得到满足的程度，于是在对职业生涯进行的纵向研究结束时发现，人们似乎通过一种事先建立的和谐，对除去得到的东西以外不抱任何希望，除去曾经希望的以外什么也没有得到。在这个时候，这些社会学家便认为这是世界上最好的。M. 韦尔默－戈歇指责大学教师总是“对阅读关于大学生社会出身的统计有一种犯罪感”，指出“他们思想上并没有认识到，

249 真正的民主化，可能就在于促进最适合出身于低微或受教养少的阶层儿童的特点和兴趣的教育的发展”。他还说：“不管是出于社会传统的原因，还是出于从一个阶层的属性得到的能力等原因，一个智力出色的工人子弟，更喜欢进过去的实科学校或国立职业学校，以得到技术员或工艺工程师等文凭——如果他有这方面能力的话；医生子弟则更喜欢接受古典教育，以便日后进大学。”[①]因此，“低微的”人是幸福的。他们处于低微的地位，不向往别的什么，内心深处只渴望他们具有和祝福的东西成为“社会秩序”。“社会秩序”绝对不会通过使他们瞄准既不适合他们的能力，也不适合

① M. 韦尔默・戈歇：《明日法国之国民教育》，第 62—63 页。

他们愿望的野心过大的目标，给他们带来不幸。

作为筹划者的邦格劳斯①，不如作为玄学家的邦格劳斯那样使人害怕吗？他们相信，只要计算一下，对社会秩序抱乐观态度的新哲学家又拾起各种社会神正论的语言，就能在可能有的最佳社会中生产出最佳的学校世界。这些社会神正论旨在使人相信，已经建立起来的秩序是应该建立的秩序，因为它甚至不需要对这一秩序表面上的牺牲品重新提起秩序，即不需提起他们应该成为的那个样子，就能使这些牺牲品同意成为他们应该成为的那个样子。我们明白，这些牺牲品只能保持缄默，因为他们心照不宣地接受了一种功能，那就是使已经建立起来的秩序合法化并且保存下去。学校通过防止被它排斥的阶级发现和反对排斥它们的原则，就用排斥的合法性来说服这些阶级。在这个时候，学校履行的正是上述功能。只是因为它们同时强加了审判和对审判的社会理由的忘却，所以学校法庭的裁决才具有如此的决定意义。在柏拉图学派的神话中，灵魂在重新回到大地上经历他们注定的命运之前，抽到签者必须喝忘却河里的水。要想像神话说的那样，使社会前途变成对自由的向往和对人的褒奖，学校——“解释必要性的祭司”，应 250
当而且只需要成功地说服人们，他们自己选择或得到了社会必要性为他们事先确定的命运。韦伯曾经指出，政治宗教最常见的功能一直是将特权的神正论赋予特权阶级；救世说通过承诺死后推翻社会秩序，促进了这一秩序的永续；诸如韦伯认为，是社会神正

① 邦格劳斯(Pangloss)，伏尔泰小说《老实人》中的主人公，一个悠然自得的乐观主义者。——译者

论杰作的羯磨[①]学说，用每个人在转世循环中宗教资格的水平来解释他在种姓制度中的社会资格。但是，与以上所列一切相比，学校今天用自然“天赋”和固有“情趣”的理论，能更好地使社会等级和学校等级的循环再生产得以合法化。

于是，教育系统最隐蔽、最特殊的功能就在于隐蔽它的客观功能，即隐蔽它和阶级关系结构的关系的客观真相。[②] 为了自圆其说，只需听从一个重要的规划者。他想了解什么是提前选择能完成学业并因此而提高学校系统技术效益的人的最可靠方式，从而
251 自问什么是人们有权考虑的候选人的特性。“在一个民主社会，一些由公共基金维持的机构不能公开地将某些特性规定为选择标准。在人们一般认为有理由考虑的特性当中，有性别、在家的排行、学习年限、身体外观、口音或语调、家长的社会-经济地位、就学的最后一个学校的声望……但是，这是否证明，家长位于社会等级很低处的学生在大学的学习成绩就一定很差？选择政策中对这

① 羯磨(Karma，Karman，Kharma)，梵文的音译，指来世因果报应。——译者

② 很少有像教育系统这样的机构，能够在社会学调查面前受到如此之好的保护。如果说学校真的以掩盖它自身功能的外部功能为功能，而且它只有在掩盖它在完成这一思想功能时才能完成它，那么在这种情况下，科学只有以把妨碍建立对象者当作对象为条件，才能有自己的对象。拒绝这样一种科学设想，就注定要盲目地、原封不动地赞同下面的论据或者成为它的同谋：经验性程序的明显严格性掩盖着这种理论上的放弃，或者这种理论上的放弃由于援引“伦理上的中立”理想——与社会秩序之间的简单的互不侵犯协定——而得以合法化。如果说只有被掩饰物的科学，那么社会的科学则根据自己的特点而具有批判性，而且不需要选择了这一科学的学者有一天必须选择批判。在这种情况下，被掩饰的东西是一个秘密，一个受到良好保护的秘密，即使没有指派任何人去保护它也是如此。这是因为，它有助于建立在对它自身再生产最有效的机制的掩饰基础上的一种“社会秩序”的再生产，从而服务于有兴趣保存这一秩序的人的利益。

些考生不利的直接和明显的倾向将是不能接受的。”[①]总之，浪费的时间（所以也是金钱）也是应当计算进去的代价。这样，社会出身与学习成绩之间的关系才能继续被掩饰。由于想以最小代价和最快速度做到教育系统不管怎样都要做的事，人们在废除了这一功能的同时，把一种只能在它被掩饰的情况下才能完成的功能展示出来。学校系统在使一代和一代之间的权力传递合法化的时候，总是要以消耗或浪费时间为代价。由于一种证明作用，它将学习道路在社会方面的出发点和到达点之间的关系掩盖起来。极而言之，这只是学习过程炫耀式的有时是夸张的年限使之成为可能的一种证明作用。从更广泛的意义上讲，如果说失去的时间没有作为纯粹损失被消耗掉，是因为它是对教育系统及其奖惩发生态度变化的场所，这一场所为该系统运行及完成其功能所必需。一种是延迟性自我淘汰，一种是在对淘汰的客观机会预测的基础上进行的立即淘汰，二者之间的差别是，被排斥的人相信被排斥的合法性所需要的时间不同。为了淘汰距学校文化最远的那些阶级，252
教育系统今天越来越经常地使用代价较高而且较费时间的“温和方式”，这是因为，在使某些人放弃它在所有人身上激起的渴望为目标的符号警察机构的名义下，教育系统必须赋予自己取得对它的奖惩及其社会作用合法性承认的手段，以便在排斥本身不能强

① R. K. 凯尔塞尔（Kelsall）：《大学根据后天学习成绩对学生的选择——对英国情况的批判性评价》（University Student Selection in Relation to Subsequent Academic Performance - A Critical Appraisal of the British Evidence），保罗·哈默斯出版社：《英国大学的社会学研究》（*Sociological Studies in British University*），《社会学杂志》（*The Sociological Review*）：专题论文之七，基尔，1963 年 10 月，第 99 页。

加对排斥的合法性的内化时，不至无法展示实施有组织的和公开的操纵的机构及技术。[①]

所以，由于其相对独立性产生的思想及影响，学校系统属于资产阶级社会的现时阶段；其社会秩序合法化和特权的世袭式传递的其他形式，则属于一些在阶级关系和阶级对立的特殊形式方面，以及在所传递特权的性质方面各不相同的社会构成。那么，学校
253 系统能不能说服每个社会的人待在他**天生**便有的位置上，原地不动，在那里坚持柏拉图所说的**做自己的事**（to beautou prattein）？资产阶级特权的继承人，不能援引他的阶级在历史上曾经拒绝贵族享受的血统权利；不能援引过去用来反对贵族高贵地位的武器——天生的权利，这会反过来导致反对资产阶级的“高贵”；也不能援引第一代创业者用自己的业绩说明自己成就的艰苦奋斗美德。今天，他们必须求助于学校的书面证明，这既可说明他的天资，又可证明他的成绩。天生的文化教养这种反常理论，以无视学校的功能为前提并且产生了这种盲目性。学校保证了文化资本的

① 在它的传统形式下，法国教育系统要求并得到了表现出一种一直是单一的等级（甚至当它被隐蔽在一个诸多等级的组合体中时亦是如此）的终审判决的承认。在这方面，这个教育系统和有些教育系统不同。比如美国的大学，设想了一个制度性方案，解决它的灌输愿望和实现这些愿望的社会条件之间的差距造成的紧张。如果极而言之，我们似乎看到了这样一些大学，它们几乎公开承认自己是符号警察机构系统的一个特殊情况，为自己装备了所有制度化了的工具（测验、导向系统和死胡同构成了一个表面多样化，其实是更灵活地等级化了的大学）和专业化了的工作人员（心理学家、精神病专家、方向指导顾问、精神分析专家）。这些工具和人员可以使大学隐蔽地、面带笑容地操纵制度所禁止、排斥或放弃的那些人。这个乌托邦可以使人看到，排斥、导向及灌输对排斥和导向的承认在技术和制度方面的工具的“合理化”，因为更加无可指摘，所以能使学校系统在选择和通过掩饰选择原则而使人接受这一选择及其指导原则的时候，更加有效地完成它今天担负的功能。

效益,并通过掩饰它正在完成这一功能而使它的传递合法化。于是,在社会特权的取得越来越依靠对学校文凭的占有的一个社会中,学校的功能便不仅是保证不再会以一种直接和公开的方式传递的资产阶级权力的隐蔽性继承。学校是特别受资产阶级社会神正论重视的工具,它赋予特权者不以特权者面目出现这一最高特权。在文化方面,绝对不占有越是排斥对不占有的意识,学校就越能轻易地说服无权继承的人,同意他们在学校和社会方面的命运取决于天资缺乏或成绩不好。

附录 接受高等教育机会的结构的演变：变形还是转移？

256 有一些问题，比如学校招生的“民主化”，和一种思想上的提问方法紧密地结合在一起。这种方法即使不是事先决定了可能的答案，至少也是事先决定了对这些答案的可能宣读。这就使在科学道理只占很小地位的一种辩论中，人们即使有科学道理，也不愿意表现出介入这些问题的样子，哪怕是在表面上。一些人没有数字证明，或者以对每个社会属类在学校人口中的简单百分比[①]的匆忙的、有偏见的比较为基础，曾经最早喊出“民主化”。有趣的是，今天这些人又匆匆忙忙地揭露，所有根据社会出身科学地衡量不同类型和水平的教育入学机会演变的企图，都是一种思想强迫的结果。要想全面评价这种矛盾现象，就必须了解，只是从大学统计局公布了按较为合理的分类进行的系列统计开始，衡量一个相当

① 一些统计是根据在时间和空间方面都不一致的分类，就入学人口定义得不好的并且处于变化之中的各个部分建立起来的。百分比往往就是在缺少其他方法的情况下，直接从这些统计中借来的。这样，我们看到，一篇文章只能代表一种有限的形式，以一些统计数据为依据，摆出论述教育民主化问题的架势（由于文字游戏的作用，这个问题已经被压缩为大学生人口的社会组成问题）。为了建立时间序列，这些统计不得不把低级、中级和高级公职人员混合在一起，纳入一个叫作“文职与军职官员”的属类。分类越是有助于一种旨在表现一种由“资产阶级式招聘”向“中产阶级式招聘”过渡的“分析”，就越是随便。

长的时间内学习机会的演变才成为可能。[①] 和简单处理不同属类 257
大学生在大学生人口总数中占的比例（暗含或明确地被当作一个王国中的王国来处理）相反，不同社会属类的入学目标概率的建立，要求必须把每个属类在学校中的幸存者及其出身的整个属类加以比较。所以，这种做法提供了凭经验抓住关系系统的最有效手段之一。在一个给定时间，这些关系把教育系统与社会阶级结构联系起来，同时测量出这个关系系统在时间中的变化。[②]

总而言之，这种统计方法是避免孤立地看待大学生中的幸存者造成的所有失误的唯一办法。这些幸存者的主要特点，主要不是来自他们组成的集团的**社会构成**，更多的是来自与他们成为它在学校中的代表的那个属类的客观关系，例如在对不同社会阶级和性别的不同选择比例中表现出来的关系。[③] 从更广泛的意义上讲，正是在系统地使用**合理思维方式**的条件下，人们才能避免下述失误：将属于一个属类的特性视为基本属性。这个失误的原因是

① 如果说，1963 年，我们只能使用对一个年份的高等教育入学机会和不同社会出身与不同性别的大学生进不同学院的条件概率的统计（第一次以这种形式进行的计算），这是因为，一直到 1958 年，可得到的对过去年份大学生按出身的社会－职业属类、性别和学院分类的统计，把所有文职和军职官员不分等级地划为一类。见布尔迪厄与 J.-C. 帕斯隆：《继承人》，巴黎，午夜出版社，1964 年，第 15 页以后内容（机会的统计）、第 145 页及以后内容（对编制这一统计表所用方法的说明）。

② 有一种分析，把中产阶级大学生（以**在学院注册时**父亲的职业为依据）比例略有增加作为这些阶级从进入高等教育一事中得到的好处增加的指标。把这一阶级出身的大学生在大学生人口中所占比例的演变和该阶级在法国就业人口中所占比例的演变加以比较，人们便立即发现了这些分析中所有虚假的东西。实际上，1962—1968 年之间，正是中产阶级中人数最多、最有代表性的社会属类在就业人口中的增加比例最大：中级职员整体上增加 34.2%（教师及文理专业职业增加 67%），一般雇员增加 26.4%；而另一方面，比如工商业主仅增加 4%（工业主本身还减少 1.9%）。《经济与统计》，1969 年 6 月，第 2 期，第 43 页。

③ 其他事例见本书第三章，第 170—171 页。

258 没有看到，一种关系（比如政治态度和所学专业之间的关系）的每一方的恰当意义，只有在各方所遮盖和掩饰的关系系统之内才能完全形成。比如，人们应该想到“社会学家”关于社会学家在五月运动[①]中的作用的论述；或者想到在不考虑特权阶级对最重要的那些理科大学校几乎完全的垄断，即在不提出理科教育系统的社会选择问题的情况下，工人子弟在大学理学院里比例较高所唤起的天真。不要孤立地把因素和使它们形成系统的那些关系割裂开来加以对待，这种警惕性在对不同时代的比较中，比在任何其他地方都更为重要。这样，要想抓住不同社会属类在不同学院或专业中所占比例的社会意义，就必须考虑某个学院或某个专业在一个给定时间在各学院或专业组成的系统中占据的地位，否则就会抵挡不住专题历史学的幻想。这种历史学，从制度或它们的相应特点在字面上的一致性，总结出它们跨越历史的本质上的一致性，使自己比较了不可比的东西，而没有去比较一些成分。当人们就它们本身并为了它们本身而理解它们的时候，这些成分是不可比的。但是，它们构成了比较的真正各方，因为它们在教育机构系统的前后两个连续状态中占据着相同的地位。[②]

---

① 指法国1968年5月掀起的大规模学生运动。——译者

② 比如，由于大学校系统不能被视为处在联系它和其他高等教育机构的关系之外，由于任何一所学校也不能被认为处在它与其他学校的关系之外，即不能不考虑它在一个给定时间在大学校系统中占据的地位，所以综合技术学校或高等师范学校的一部社会史（更准确地说是招生的社会情况、职业生涯，甚或是这些学校学生的政治和宗教态度的历史），如果无视自己在大学校系统中所占据的地位，从而无视来自它们在大学校系统和权力系统之间关系结构中的地位的价值所引出的一切，即使是在国立行政学校建立之后，也会和圣希尔（法国著名的军事学校，亦属大学校之列。——译者）的历史同样虚假。后者只记录自己的事，看不见某所别的学校（比如农艺学校）正在力图使自己在大学校系统肩负的功能的系统中逐步取代第一名。

1961—1962年和1965—1966年年度之间不同社会出身和性别的学习机会的演变

父亲的社会－职业属类		客观机会（入学概率）		条件概率									
				理学		文学		法学		医学		药学	
年度		61－62	65－66	61－62	65－66	61－62	65－66	61－62	65－66	61－62	65－66	61－62	65－66
农业工人	男	1.2	3.0	44.0	53.3	36.9	26.4	15.5	16.3	3.6	3.3	0	0.5
	女	1.0	2.3	26.6	32.9	65.5	54.1	7.8	8.4	0	3.2	0	1.3
	合计	**1.1**	**2.7**	**34.7**	**45.0**	**50.0**	**38.0**	**12.5**	**12.9**	**2.8**	**3.3**	**0**	**0.8**
农民	男	3.8	8.5	44.6	45.0	27.2	24.4	18.8	20.3	7.4	7.9	2.0	2.2
	女	3.0	6.7	27.5	31.8	51.8	48.5	12.9	10.9	2.9	3.9	4.9	4.6
	合计	**3.4**	**8.0**	**37.0**	**39.2**	**37.1**	**35.0**	**16.2**	**16.1**	**5.6**	**6.2**	**3.1**	**3.3**
工人	男	1.5	3.9	52.5	50.0	27.5	24.8	14.4	17.8	5.0	6.6	0.6	0.6
	女	1.2	2.9	29.3	31.0	56.0	54.4	10.4	10.2	2.6	2.7	1.7	1.4
	合计	**1.3**	**3.4**	**42.8**	**42.1**	**39.9**	**37.2**	**12.3**	**14.7**	**3.6**	**5.0**	**1.4**	**1.0**
一般雇员	男	10.0	17.9	46.0	37.7	17.6	21.6	24.6	26.7	10.1	11.8	1.6	1.7
	女	7.8	14.3	30.4	22.3	44.0	53.4	16.0	14.3	6.1	5.7	3.5	4.0
	合计	**9.0**	**16.2**	**39.4**	**31.1**	**28.6**	**35.5**	**21.1**	**21.5**	**8.6**	**9.2**	**2.3**	**2.7**
工商业主	男	14.6	25.0	40.3	37.2	24.9	17.1	20.5	26.6	11.0	15.4	3.3	3.3
	女	13.3	21.2	21.8	22.4	55.7	47.4	11.7	15.7	4.8	7.6	6.0	6.7
	合计	**13.9**	**23.2**	**31.8**	**30.5**	**39.1**	**30.6**	**16.4**	**21.6**	**8.1**	**12.0**	**4.6**	**4.8**
其中工业主	男	52.8	74.0	28.5	34.3	25.2	11.6	22.0	32.3	20.0	17.8	3.9	4.0
	女	56.9	68.6	13.2	18.4	57.8	42.5	11.2	19.8	10.8	9.8	6.8	9.2
	合计	**54.4**	**71.5**	**21.1**	**26.2**	**41.1**	**26.0**	**17.0**	**26.5**	**15.5**	**14.0**	**5.3**	**6.4**
中级职员	男	24.7	38.2	38.3	41.2	30.2	21.0	21.0	23.2	8.5	12.6	2.0	1.8
	女	25.4	31.4	22.2	25.5	61.9	52.6	9.1	11.3	3.4	6.4	3.4	3.9
	合计	**24.9**	**35.4**	**30.5**	**34.3**	**45.6**	**35.0**	**15.2**	**18.0**	**6.0**	**9.9**	**2.7**	**2.8**
自由职业者和高级职员	男	38.7	61.0	40.0	35.7	19.3	13.7	21.8	26.8	14.7	20.1	4.2	3.5
	女	36.9	51.2	25.7	22.8	48.6	43.5	11.6	15.0	6.5	11.1	7.6	7.4
	合计	**38.0**	**58.7**	**33.3**	**30.0**	**33.2**	**27.0**	**16.9**	**21.5**	**10.8**	**16.2**	**5.8**	**5.2**

259 有的人从高等教育入学人数的整体增加出发，得出了大学各学院的对象已经“民主化”的结论。应当提醒这些人，这个形态学方面的现象可以遮盖*现状*的永久化。在某种情况下，甚至不但可以遮盖招生的社会基础的拓宽，而且可以遮盖处于不利地位的阶级所占比例的下降。[①] 因此，一个年龄组入学率的提高可以几乎只对入学率已经最高的那些社会属类有利，或者至少按照过去不平等的入学率的比例分配这些好处。从更广泛的意义上讲，学生数量的增加是若干方面因素的结果。在法国，大学生数量的增加同时反映了(至少从 1964 年以来是这样)同届人口数的增加(因 1946 年以后出生率提高所致)和 18 岁以上年龄组入学率的提高，但这个总比例在不同社会－职业属类入学率方面分配的变化，极有可能远比高等教育总入学率的持续提高使人想象的那样要小。

更确切地说，要想对受社会条件制约的入学机会的结构在数量上有一个大致的估计，尤其要想分析这个结构在时间中的演变，就应当把在社会方面定义的一个大学生属类的人数和具有同样社会特点的同龄人的同届人口数加以比较。实际上，一个给定社会属类出身的大学生比例的提高，可以不反映来自这个属类的青年人进入高等教育机会的增加，而只反映该属类在就业人口中所占比例的简单变化。因此，根据出身的社会－职业属类、性别或其他各种标准对高等教育入学概率的计算，是受社会条件制约

① 假设从来没有被完全排除，至少对一类具体的教育是这样，甚至在一类正在发展中的教育和一个经济上升的环境中也是如此。在医学专业招生的演变中，可以看到这个趋势的一种迹象。

的学习机会不平等的大小及其分布的最准确表示。

高等教育入学机会的统计表明，1961—1962 年度，不同社会 261
属类之间存在着巨大差异：农业工人子弟接受高等教育的机会为1.2%，工业家子弟的机会超过 50%。以上对不平等分布的测量使人看到，在那个时期，教育系统的趋势是把下层阶级出身的儿童不折不扣地从高等教育中淘汰出去。

1962—1966 年之间，各社会属类的高等教育入学机会都有所增加。但是，如果人们按照“民主化”总是暗含地启示的那样去理解这个词，即不同社会属类出身的儿童学习机会平等化的过程（完美的机会均等需要前提，即每个属类的入学率都和本年龄组总入学率相等），那么根据经验了解到的各个属类学习机会的增加本身，就不能成为“民主化”的一个标志。另外，为了严格按照社会学的原则办事，对入学机会结构演变的分析要求人们也要考虑所看到的这个结构演变本身的社会意义。如果只限于极端的属类，我们发现工人和农业工人子弟高等教育入学率在这段时间里提高了一倍多，而高级职员子弟的入学率仅提高 0.6 倍。十分明显，一个很低的入学率的 2 倍和是它 30 倍的入学率的 2 倍不具有相同的意义，也不会产生相同的社会作用。正如图表所显示的那样，数量的变化反映了不同社会阶级学习机会结构一种向上的转移（见图2）。因此，要想正确评价这些变化的社会影响，就应该能严格地确定一些界限。在对学习机会统计的不同范围里，这些界限能够生产出有关人员的期望系统的重大变化。因此，人们知道，和不同的客观机会相对应的，是对学校及通过学校提高社会地位的不同态度系统。学习机会的表现可以使它能在所属的集团（邻近的或同

262 类的集团）中，比如在所认识的仍在读书或已在一定年龄就业的人数量的具体类型中，被直观地感知。即使学习机会不是有意识评估的目标，它也还是有助于确立高等教育的社会形象。在一定程度上，这种形象客观地存在于一个给定类型的社会条件当中。由于进入高等教育被共同地，甚至是弥漫地视为一种不可能的、有一定可能性的、很可能的、正常的或不足为奇的前途，所以发生变化的是家庭及儿童的整个行为（尤其是他们在学校里的行为和成绩），因为这一行为是按照受到“合理”批准的希望所要求的那样来调整的。有一些在**质量上**不同的经验与集体入学率在数量上的不同水平相对应。在这种情况下，一个社会属类的客观机会便以本属类客观前途的一种内化过程为中介，构成了这个客观前途在其中得以完成的那些机制中的一种。

在这种情况下，工业家子弟高等教育入学概率由 52.8% 提高到 74%，仅是原来的 1.4 倍。但是，这样高的比例（74%）从此使他们的入学机会处于这样一种水平：只有几乎是完全肯定的入学经验与之对应，还有和这种经验相联的新优势及新矛盾。我们一方面看到大量工业家子弟进入大学校和大学校预备班（因此没有计算在作为上述入学率计算基础的学生数量之内），一方面看到这个属类的成员是没有统计在内的收费学习（商业、广告、新闻、电影、摄影等伪高等学校）的第一个受益者，因而我们必须承认，几乎全部可能接受教育的工业家子弟实际上 18 岁以后的好几年里都在学校学习，人们可以看到一个阶级入学率过高的初步迹象。

总而言之，在入学概率普遍提高的过程中，1962—1966 年之间的学习机会结构的演变促进了上层阶级的文化特权。实际上，工业家的儿子、女儿和高级职员的儿子这三个属类的入学概率达到或超过了 60%，这还不包括大学校的学生。1961—1962 学年，对高级职员的儿子来讲，高中毕业以后继续学习是一种可能的前途。而到了 1965—1966 学年，这只是一件十分平常的事情。与此相反，下层阶级子女入学概率的提高并没有达到这样的水平，他们 263
还没有决定性地脱离客观机会的一个区域。屈从的经验，或者作为例外，学校显示神迹的经验，都在这个区域里铸成。尽管工人子弟接受高等教育的机会由 1.5%增加到 3.9%，但这并不足以改变高等教育的形象，它仍然是一种可能性不大的，或者是“不合情理的”，或者如果人们愿意的话，是一种出乎意料的前途。对中产阶级来讲，某些部分（尤其是小学教师和下级官员）可能达到一种水平，使接受高等教育表现为一种正常的可能性，高中毕业几乎是学业的强制性终结这种表象正在减弱。

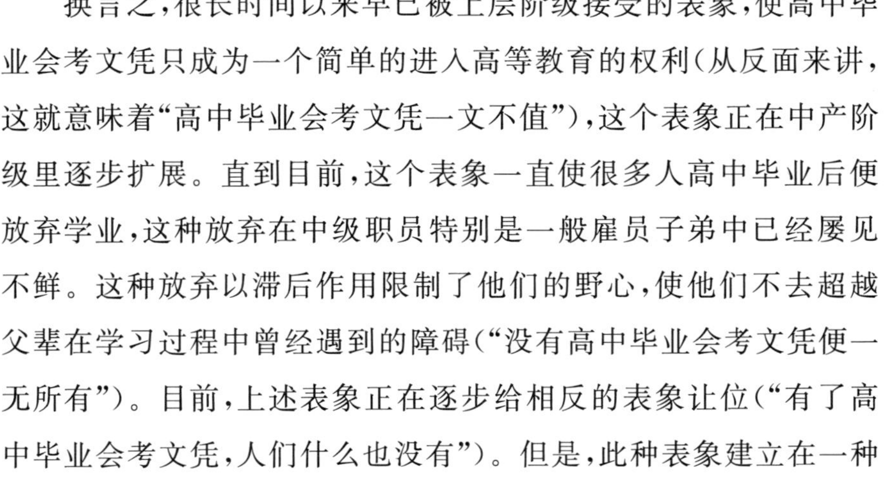

换言之，很长时间以来早已被上层阶级接受的表象，使高中毕业会考文凭只成为一个简单的进入高等教育的权利（从反面来讲，这就意味着“高中毕业会考文凭一文不值”），这个表象正在中产阶级里逐步扩展。直到目前，这个表象一直使很多人高中毕业后便放弃学业，这种放弃在中级职员特别是一般雇员子弟中已经屡见不鲜。这种放弃以滞后作用限制了他们的野心，使他们不去超越父辈在学习过程中曾经遇到的障碍（“没有高中毕业会考文凭便一无所有”）。目前，上述表象正在逐步给相反的表象让位（“有了高中毕业会考文凭，人们什么也没有”）。但是，此种表象建立在一种真实的和现实主义的经验之上。因为在许多情况下，高中毕业会考成为担任上一代人曾经通过“小门”得到的某些职务的条件。这

就是说，初等教育往往不再能使人自动地得到高级职员的职务。在这种情况下。我们看到，这在很大程度上只是愿望的一种转移的东西，是如何可以作为性质的变化被人感受的。或者像一些不怕用词的观察家所说的那样，它是作为一种“变动”被感受的。

不过，进大学机会的不平等仍然只是很有限地表现出受社会条件制约的学习方面的不平等。条件概率统计表明，不同出身的男女大学生并非在任何类型的学业中都固定不变。如果社会出身或性别只对进入高等教育起分类筛选作用；如果一旦进入学院，按
264 不同标准选择的人便具有了进入不同方向的相同机会；总之，如果不同学院大学生的分布只取决于个人的“志向”和“兴趣”（被视为不受社会决定因素制约的天生倾向）；人们就会在 100 名给定出身的大学生中，发现在每个社会属类里完全反映不同专业的学生在大学生总数中所占比例的条件概率的分布。这就是，1961—1962 学年，文学 31.5%，理学 32.4%，法学 16.5%，医学 15.6%，药学 4.0%；1965—1966 学年，按同样的顺序，各专业学生分别占大学生总数的 34.4%、31.4%、19.9%、10.7%和 3.5%。我们看到，与来自“天生能力自由作用”的偶然分布相比，根据经验掌握的各专业人数的分布表现为一种系统性倾斜。这种倾斜**大致**如下：出身于处在不利地位的阶级的大学生主要进文学院和理学院，出身于富裕阶级的大学生主要进法学院和医学院。事实上，我们甚至应该注意到，从 1961—1962 学年到 1965—1966 学年，各学院的这种**社会性专门化**呈加强的趋势。

1961—1962 学年，下层阶级的大学生主要选择文学或理学专业。与此同时，比例很大的出身于上层阶级的大学生选择法学或

医学专业。于是，84.7%的农业工人的子女、75.1%的农民子女和82.7%的工人子女，在文学院或理学院注册；而这在高级职员子女中只占66.5%，在工业家子女中只占62.2%（而且我们知道，这些人在理科大学校中的比例很高）。总之，越到社会底层，进入高等教育就越必须以一种**对选择的限制**为代价。对处于最不利地位的属类来说，可以一直发展到几乎强制性地把他们**放逐**到文理专业当中。1962—1966年之间条件概率的演变表明，比例的分布几乎没有变化，不同社会属类在“选择”文理专业方面仍然保持着过去的顺序。如果说法学院学生在大学生总数中比例的增加，对所有的社会-职业属类来讲，都使得从事文理科学业的条件概率降低，那么这一降低在上层属类中表现得更加明显：1966年，农业工人 265
子女进文理学院的机会为83%，农民子女为74.2%（即比1962年减少0.9%），工人子女为79.3%（减少3.4%），高级职员子女的机会只是57%（减少9.5%），工业家子女为52.6%（减少9.6%）。在这个时期内，工人子女和高级职员子女之间的差距由15%扩大到22%。如果更详细地考察男生条件概率的演变，人们就会发现，对所有的社会属类来讲（一般雇员子弟除外），进文学院的概率普遍降低。不过，这在上层阶级中远比在中下层阶级中更为明显：工人子弟的机会由27.5%减少到24.8%，高级职员子弟的机会由19.3%减少到13.7%，工业家子弟的机会由25.2%减少到11.6%。只是以被放逐到一些客观上位于学校等级下层的机构或科别（比如现代科）为代价，进入中等教育一事才扩大到下层阶级的一些新的集团。这一放逐保证这些班级毕业的学生进入一个**齿轮传动系统**，它几乎不可避免地注定他们要进入理学院，而不是其他学院，

也不是其他理科大学校。[①] 了解到这些以后，人们就懂得，在下层阶级的大学生从事理科学业的条件概率提高的同时，上层阶级的大学生更为经常地从事法学或医学专业。这样，农业工人子弟学习文学的机会在这期间减少了 10.5%，学习理科的机会增加了9%。与此相反，高级职员子弟学习文学的机会和学习理科的机会同时减少（分别减少 5.6%和 4.3%），而学习法律和医学的机会分
266 别增加了 5%和 5.4%。总的看来，对出身于中下层阶级的大学生来讲（农业工人、农民、工人、一般雇员、中级职员），从事法律学业的条件概率明显保持稳定，增加最多者是中级职员，也仅为 2.8%。可是，高级职员子女，特别是工业家子女学习法律的机会明显增加（分别增加 4.6%和 9.5%）。医学专业亦如是，下层阶级子女学习医学的机会原地不动或略有增加，上层阶级子女的机会却增加了 5.6%。作为结论，人们可以认为，有助于把幸存者放逐到某些学院（尽管在我们所考虑的这一时期内，法学院和医学院进行了一些旨在使学习组织“合理化”的改革，情况也依然如此）的机制的强化，在某种程度上，是对下层阶级出身的青年进大学机会稍许增加的补偿。

只需把分学院计算的条件概率所使用和推荐的解释统计数据的原则应用于教育系统的其他内部区分（比如同一学院内不同专业之间的区分——见 116 页图 2、119 页图 3[②]，尤其是大学和大学校之间的区分——大学校本身也严格地分成等级），就掌握了利用关于一个给定水平和类型的教育入学机会结构演变的统计数据，

① 莫尼克·德圣马丹(Monique de Saint-Martin)：《理科学业中淘汰和区分性选择的因素》，《法国社会学杂志》，IX，1968 年专刊，第 167—184 页。

② 均为原书页码，即本书边码。——编者

来解释可能构成教育系统与社会阶级结构之间关系变化根本规律的手段。如果撇开接受学校或接受专业在学校制度中公开或隐蔽的等级中占据的地位不谈，以一个大学生为单位，人们就会看不到特权的增加。这一增加来自以下事实：进入一个给定水平教育的机会最多的那些属类，同样有最多的成功机会，可以进入和以后在学校里及社会上最多的成功机会联在一起的那些学校、科类和专业。更有甚者，人们不去注意，有一种对大学文凭在学校和社会方面非凡性的标准不断进行的重新定义，随着进入一个教育系统机会结构的变化而转移，而这个系统能够完成事先存在的区分或者 267
进行新的区分。[1] 通过这种系统性倾斜，人们可能低估教育系统的能力。由于逐渐扩大的区分作用掩饰了它的等级性结构，教育系统能够弱化入学机会结构转移的作用。从完全承认大学的“资产阶级权利”到不同程度地放逐，这是一种在学术方面进行的并被巧妙地掩饰的等级划分。所以，如果人们愿意的话，也可以说教育系统能够以上述划分等级的办法，取代在另一种状态下曾经是它特点的非好即坏、不接受便排斥的明确对立的做法。[2]

① 根据结束学业年龄对收入进行的统计表明，从与进入高等教育的平均年龄大致对应的年龄开始，即到了下层阶级几乎完全被淘汰的学习阶段，每多学习一年，经济效益便随之骤然增加。这一切都有助于提出这样一种假设：随着学习机会结构的转移造成的进入一个给定阶段学习的情况不再罕见，这个年龄界限一直在不断提高。

② 根据这个逻辑，如果忘记了大学校，就是犯了一个错误。比如在高等师范学校，本世纪初以来，招生的社会标准呈上升趋势。1904—1910 年（或者 1924—1930 年），文科学生中出身于上层阶级者占 49%，1966 年占 65.9%；1904—1910 年，理科学生中出身于上层阶级者占 36.3%，1924—1930 年占 49.6%，1966 年占 67.6%。大学校的影响和它们的学生数量不成正比，因为它们在学校系统中，甚至在和政权的关系系统中，地位最高，几乎被特权阶级完全垄断。

图书在版编目(CIP)数据

再生产:一种教育系统理论的要点/(法)皮埃尔・布尔迪厄,(法)J.-C.帕斯隆著;邢克超译.—北京:商务印书馆,2024

(汉译世界学术名著丛书:120年纪念版:珍藏本:增订本)

ISBN 978-7-100-23805-2

Ⅰ.①再… Ⅱ.①皮…②J…③邢… Ⅲ.①教育理论—法国—现代 Ⅳ.①G40-095.65

中国国家版本馆 CIP 数据核字(2024)第 078642 号

汉译世界学术名著丛书

(120 年纪念版・珍藏本・增订本)

再生产

一种教育系统理论的要点

〔法〕皮埃尔・布尔迪厄 J.-C.帕斯隆 著

邢克超 译

商务印书馆出版

(北京王府井大街 36 号 邮政编码 100710)

商务印书馆发行

北京市十月印刷有限公司印刷

ISBN 978-7-100-23805-2

2024 年 5 月第 1 版　　开本 710×1000 1/16

2024 年 5 月北京第 1 次印刷　　印张 15¼ 插页 1

定价:82.00 元